vollständig überarbeitete und aktualisierte NEUAUFLAGE

Themenhefte Erdkunde

Klimawandel

Katrin Schüppel

Verlag an der Ruhr

Impressum

Titel
Themenhefte Erdkunde:
Klimawandel

Autorin
Katrin Schüppel

Titelbildmotiv
© Bernhard Staehli – Shutterstock.com

Download-Icon
© JJAVA – stock.adobe.com

Druck
Athesia Druck GmbH, Bozen, IT

Verlag an der Ruhr
Mülheim an der Ruhr
www.verlagruhr.de

Geeignet für die Klassen 7–10

vollständig überarbeitete und aktualisierte Neuauflage des Titels:
Themenhefte Erdkunde: Klimawandel
ISBN 978-3-8346-2929-6

ISBN 978-3-8346-4457-2

Kostenloses Downloadmaterial erhalten Sie unter www.verlagruhr.de/64457

Inhaltsverzeichnis

Vorwort

*Liebe Lehrer*innen[1],*

die **globale Erwärmung** ist **eines der dringlichsten Probleme unserer Zeit**, das in alle Lebensbereiche hineinspielt. Zum einen werden die Folgen des Klimawandels, wie die Zunahme von Wetterextremen, das Artensterben, der Meeresspiegelanstieg oder die Schwierigkeiten in der Land- und Forstwirtschaft, immer offensichtlicher. Zum anderen erfordert die Bekämpfung der globalen Erwärmung Maßnahmen, die nicht nur unsere Energieversorgung und Mobilität, sondern auch **unser gesamtes Konsumverhalten infrage stellen**. Eng damit verknüpft ist die Frage der **globalen Gerechtigkeit**, da die Treibhausgas-Emissionen in den Industrieländern um ein Zigfaches höher sind als in den ärmeren Ländern des globalen Südens – Letztere sind jedoch am stärksten von den Klimawandel-Folgen betroffen und verfügen nicht über ausreichende finanzielle Mittel, um sich den Veränderungen anzupassen.

Zwar gibt es immer noch Leugner*innen des menschengemachten Treibhauseffekts, doch in der Wissenschaft herrscht seit Langem Einigkeit: Der rasante Temperaturanstieg ist größtenteils **durch uns Menschen verursacht** – d.h., es liegt auch in unserer Hand, die weltweite Bedrohung zu bekämpfen und die globale Erwärmung auf unter 2 °C, idealerweise 1,5 °C, zu begrenzen. Schon längst befinden wir uns dabei in einem **Wettlauf gegen die Zeit**. Und doch ist zweifelhaft, ob das Klimaschutzabkommen von Paris 2015 und die daraus resultierenden Emissionsziele der einzelnen Staaten ausreichend sind.
Diese Zweifel haben, initiiert von der schwedischen Klimaaktivistin Greta Thunberg, zu einer **globalen Jugendbewegung**, den **„Fridays for Future"** geführt. Die Schüler*innen und Studierenden, die erstmals 2019 in mehr als 120 Ländern freitags auf die Straße gingen, fordern, den Klimaschutz ernster zu nehmen und konsequenter auf das Erreichen der Klimaziele hinzuarbeiten, weil sie um ihre Zukunft fürchten.
Die globale Erwärmung, ihre Folgen und ihre Bekämpfung werden die Jugendlichen höchstwahrscheinlich ein Leben lang begleiten. Sie werden durch ihr Verhalten und als **zukünftige Entscheidungsträger*innen** maßgeblich beeinflussen, ob die Klimaziele erreicht werden. Aus diesem Grund ist es essenziell wichtig, an ihr Interesse für das Thema anzuknüpfen und ihnen die komplexen Zusammenhänge des Klimawandels näherzubringen.

Mit genau diesem Ziel wurde das vorliegende Themenheft konzipiert. Die **kompakt** aufbereiteten, **kopierfertigen Arbeitsblätter** richten sich an Lernende der **Klassen 7–10** und bieten den Jugendlichen **informative Texte, wissenswerte Daten und Fakten sowie anschauliche Abbildungen** zu den wichtigsten Aspekten des Klimawandels, mit denen sie sich anhand **abwechslungsreicher Aufgaben** intensiv auseinandersetzen. Sie ergründen die Ursachen der globalen Erwärmung, erfahren, wie Klimaforschung betrieben und koordiniert wird, beschäftigen sich mit den Folgen des Klimawandels insbesondere in Deutschland und lernen verschiedene Möglichkeiten des Klimaschutzes kennen – vor allem auch in den Gebieten, in denen die Schüler*innen **selbst aktiv werden** können. Bei alledem liegt der Schwerpunkt darauf, die Jugendlichen immer wieder zum **Weiterdenken und Diskutieren** anzuregen.

Eine **Überblickstabelle** zu Beginn des Heftes, die zu jedem Arbeitsblatt die jeweiligen **Zielkompetenzen** sowie besondere Hinweise und Angaben zu evtl. benötigtem Material bündelt, ermöglicht eine schnelle Auswahl der passenden Kopiervorlagen. Dabei lassen sich die **Themen unabhängig voneinander bearbeiten** oder auch **beliebig miteinander kombinieren.**
Am Ende des Heftes finden Sie schließlich einen **ausführlichen Lösungsteil.**

Ich wünsche Ihnen und Ihrer Lerngruppe viel Freude mit diesen Materialien!

Katrin Schüppel

[1] Der Verlag an der Ruhr legt großen Wert auf eine geschlechtergerechte und inklusive Sprache. Daher nutzen wir das Gendersternchen, um sowohl männliche und weibliche als auch nichtbinäre Geschlechtsidentitäten einzuschließen. Alternativ verwenden wir neutrale Formulierungen. In Texten für Schüler*innen finden sich aus didaktischen Gründen neutrale Begriffe bzw. Doppelformen.

Tabellarische Übersicht

Die angegebenen Zielkompetenzen orientieren sich an den Bildungsstandards für den Mittleren Schulabschluss der Deutschen Gesellschaft für Geografie (DGfG): **F** = Fachwissen, **O** = Räumliche Orientierung, **M** = Erkenntnisgewinnung/Methoden, **K** = Kommunikation, **B** = Beurteilung/Bewertung, **H** = Handlung.

KV	Lehrerhandreichung
	Ursachen der globalen Erwärmung und Klimaforschung
Worum geht es beim Klimawandel? (S. 9)	**Lernziele:** Die Schüler*innen erfassen erste Informationen über den anthropogenen Klimawandel, arbeiten die wichtigsten Aspekte heraus und ordnen ihr eigenes Wissen zum Klimawandel thematisch ein (F4, M3, B3). **Medientipp:** Zur Einführung in das Thema empfiehlt sich der Dokumentarfilm „Eine unbequeme Wahrheit“ (USA 2006, 94 min) mit dem früheren US-Vizepräsidenten Al Gore oder auch der Nachfolgefilm „Immer noch eine unbequeme Wahrheit: Unsere Zeit läuft“ (USA 2017, 99 min).
Der Treibhauseffekt (S. 10)	**Lernziele:** Die Schüler*innen erarbeiten die physikalischen Grundlagen des natürlichen Treibhauseffektes, lernen die wichtigsten (auch vom Menschen erzeugten) Treibhausgase kennen, setzen die Erkenntnisse grafisch um und recherchieren darüber hinaus zu weiteren Treibhausgasen (F4, M2, M3, K1, K2). **Zusätzlich benötigtes Material:** Internetzugang (Aufgabe 5) DOWNLOAD Für die Aufgaben 2 und 4 können Sie je eine Grafik als Beispiellösung kostenlos herunterladen (s. Link auf S. 2). **Besondere Hinweise:** Steht genügend Zeit zur Verfügung, können Sie die Schüler*innen zur Situation auf anderen Planeten recherchieren lassen: Besonders stark ist der Treibhauseffekt auf der fast 500 °C heißen Venus ausgeprägt.
Kohlenstoff auf der Erde (S. 12)	**Lernziele:** Die Schüler lernen den Kohlenstoffkreislauf kennen, beurteilen geografische Ereignisse danach, ob eine Kohlenstoffsenke geschaffen wird, und diskutieren die Ergebnisse in Partnerarbeit (F4, M3, K2, B1). **Medientipp:** Ein Schaubild zum Kohlenstoffkreislauf finden Sie unter https://de.wikipedia.org/wiki/Kohlenstoffzyklus.
CO_2-Anstieg in Luft und Meer (S. 13)	**Lernziele:** Die Schüler*innen informieren sich über den in der Keeling-Kurve dokumentierten CO_2-Anstieg in der Atmosphäre, schätzen den Anstieg der nächsten Jahre ab und beurteilen seine Auswirkung auf den Klimawandel und die Meeresversauerung. Ein Experiment veranschaulicht den unterschiedlichen CO_2-Gehalt von warmem und kaltem Wasser (F4, M1, B1). **Zusätzlich benötigtes Material:** 2 Flaschen mit CO_2-haltigem Wasser, Kühlschrank (Experiment)
Natürliche Klimaschwankungen (S. 14)	**Lernziele:** Die Schüler*innen informieren sich über die Gründe für natürliche Klimaschwankungen, werten Informationen zur Geschwindigkeit von Klimaveränderungen aus und recherchieren zur „Kleinen Eiszeit“, einer Klimaanomalie im Mittelalter, im Internet (F4, M2, M3, B1). **Zusätzlich benötigtes Material:** Internetzugang (Aufgabe 3)
Klimawandel und globale Verdunkelung (S. 15)	**Lernziele:** Mit einem Mystery widerlegen die Schüler*innen in Gruppenarbeit die Argumente von Leugner*innen des Klimawandels und lernen dabei das Phänomen der globalen Verdunkelung durch Aerosole kennen (F4, K1, K2, B1).

Tabellarische Übersicht

KV	Lehrerhandreichung
Klimavorhersage (S. 16)	**Lernziele:** Die Schüler*innen erfahren, was in ein Klimamodell einfließt und wo die Unterschiede zu einer Wettervorhersage liegen. Sie beurteilen die Vorhersagbarkeit von Eingangsparametern sowie die Wirkung von Rückkopplungen und Kippelementen (F4, M1, M2, M3, B1). **Medientipp:** Übersicht von Kippelementen im Klimawandel: www.pik-potsdam.de/services/infothek/kippelemente **Weiterführende Hinweise:** Sie können die Schüler*innen auch den Vergleich zu einer unwissenschaftlichen Vorhersage anstellen lassen (B2): Fordern Sie sie auf, zum „Hundertjährigen Kalender" zu recherchieren und begründet dazu Stellung zu nehmen, ob dieser sich zur Vorhersage von Wetter oder Klima eignet. – Er ist weder als Wettervorhersage noch als Klimaprognose brauchbar, da er auf der falschen Annahme beruht, dass sich das Wetter alle sieben Jahre wiederholt. Einflüsse auf das Klima, wie der Treibhausgas-Ausstoß, werden nicht berücksichtigt.
Klimaforschung und das IPCC (S. 18)	**Lernziele:** Die Schüler*innen lernen das IPCC kennen und erleben in einem Mini-Rollenspiel, wie beim Ringen um eine Formulierung von Forschungsergebnissen die Interessen verschiedener Gruppen einfließen (F4, M1, M3, K1, K2, B3). **Medientipp:** Deutsche IPCC-Koordinierungsstelle: www.de-ipcc.de
Zweifel am Klimawandel? (S. 19)	**Lernziele:** Die Schüler*innen informieren sich über die Motivationen und Strategien der Leugner*innen des Klimawandels und nehmen dazu Stellung. Sie ordnen die Arten der Leugnung anhand von Zitaten zu und recherchieren Argumente und Gegenargumente (F4, M1, B3, B4). **Zusätzlich benötigtes Material:** Internetzugang (Aufgabe 4)
Folgen der globalen Erwärmung	
Veränderungen und Anpassungen (S. 20)	**Lernziele:** Anhand einer Liste von durch den Klimawandel hervorgerufenen Veränderungen erarbeiten die Schüler*innen ursächliche Zusammenhänge, unterscheiden Folgen und Anpassungsmaßnahmen und entwerfen eine mögliche Gliederung/Kategorisierung der Veränderungen (F4, M3, K1).
Der Anstieg des Meeresspiegels (S. 21)	**Lernziele:** Die Schüler*innen informieren sich über den Meeresspiegelanstieg, lernen die Situation von Inselstaaten kennen, beurteilen anhand von Karten die Gefährdung verschiedener Orte auf der Erde und suchen in Kleingruppen nach Lösungen für die bedrohten Inselstaaten (F4, O3, M2, M3, K2). **Zusätzlich benötigtes Material:** Atlas oder Internetzugang (Aufgabe 1 und 2) **Medientipp:** Unter folgendem Link erhält man schnell die Höhe ü. NN jedes beliebigen Ortes: www.mapcoordinates.net/de (Aufgabe 1). Unter www.nationalgeographic.com/magazine/2013/09/rising-seas-ice-melt-new-shoreline-maps/ zeigt National Geographic eindrucksvoll, was von den Kontinenten übrig bleiben würde, wenn alles Eis der Erde abschmilzt.
Folgen für Arten und Ökosysteme (S. 22)	**Lernziele:** Die Schüler*innen ordnen einander Fakten und Beispiele zu den ökologischen Folgen des Klimawandels zu, beurteilen anhand eines Rechenexperiments die Fähigkeit der Natur, mit dem Klimawandel mitzuhalten, und vergleichen anhand von Karten die Wandermöglichkeiten in Europa und Nordamerika (F4, O3, M3, K1, B1). **Zusätzlich benötigtes Material:** Atlas (Aufgabe 3)
Die Arktis im Wandel (S. 24)	**Lernziele:** Die Schüler*innen informieren sich über die Auswirkungen des Klimawandels in der Arktis, finden Rückkopplungen, beurteilen auf dieser Basis Schlagzeilen zum Thema und recherchieren die Unterschiede zur Antarktis (F4, M2, M3, B2, K1).

Tabellarische Übersicht

KV	Lehrerhandreichung
Die Arktis im Wandel (S. 24)	**Zusätzlich benötigtes Material:** rote und grüne Stifte (Aufgabe 1), Internetzugang (Aufgabe 4) **Besondere Hinweise:** Für Aufgabe 1 sollte idealerweise zuvor das Thema „Rückkopplungen" (vgl. S. 16 f.) behandelt worden sein.
Unwetter und Klimawandel (S. 26)	**Lernziele:** Die Schüler*innen erarbeiten den Zusammenhang zwischen extremen Wetterereignissen und dem Klimawandel. Sie übertragen ein Würfel-Zufallsexperiment auf das Problem und stellen eine Hypothese zu der Arbeit von Klimaforscher*innen auf (F4, M2, M4).
Deutschlandwetter der Zukunft (S. 27)	**Lernziele:** Die Schüler*innen lernen, wie sich der Klimawandel auf das Wetter in Deutschland auswirkt, und übertragen ihre Kenntnisse in vier Fallbeispielen auf konkrete Problemsituationen (F4, M2, B3).
Klimaflüchtlinge (S. 29)	**Lernziele:** Die Schüler*innen erfahren anhand von Fallbeispielen etwas über die Situation von Klimaflüchtlingen, erhalten Hinweise zu Rechtsgrundlagen für Flüchtlinge in Deutschland und beurteilen in Kleingruppenarbeit eigene Empfehlungen, wo und nach welchen Kriterien Flüchtlinge aufgenommen werden sollten (F4, K2, B1).
Katastrophenszenarios (S. 30)	**Lernziele:** Die Schüler*innen lernen zwei durch die globale Erwärmung ausgelöste Katastrophenszenarios kennen und nehmen dies als Anregung, selbst ein Szenario für einen Katastrophenfilm zu entwerfen (F4, B2, B3, B4).
Globale Erwärmung und Klimaschutz	
Internationale Klimapolitik (S. 31)	**Lernziele:** Die Schüler*innen erhalten Informationen zur klimapolitischen Situation, bewerten sie im Hinblick auf das 2 °C-Ziel, diskutieren in Kleingruppen, wie man mit klimapolitischen Verstößen und Verweigerungen umgehen sollte, und recherchieren die Ergebnisse der letzten Klimakonferenz sowie die Bedeutung und aktuelle Situation des „Klimanotstands" (F4, M2, K2, B3, H1). **Zusätzlich benötigtes Material:** Internetzugang (Aufgabe 3) **Besondere Hinweise:** Spricht man in der internationalen Klimapolitik von „CO_2-Ausstoß", so sind dabei die anderen Treibhausgase entsprechend ihrer Wirksamkeit als CO_2-Äquivalente mit eingerechnet.
Klimagerechtigkeit (S. 32)	**Lernziele:** In einem Planspiel für Kleingruppen vertreten die Schüler*innen bestimmte Länder und erarbeiten gemeinsam für jedes einzelne Land ein gerechtes Ziel zur CO_2-Reduktion (M3, K1, K2, B3, H1). **Besondere Hinweise:** Größere Länder, wie die USA oder China, könnten auch von zwei Jugendlichen vertreten werden.
Fossile und erneuerbare Energie (S. 35)	**Lernziele:** Die Schüler*innen lernen die verschiedenen Energieträger kennen und erarbeiten in einem Logical deren Anteile an der Energieversorgung. Sie planen einen zukunftsfähigen Energiemix, vergleichen die Energienutzung früher und heute und recherchieren Probleme bei der CO_2-Abscheidung und -speicherung (M2, B1, B1 H1). **Zusätzlich benötigtes Material:** Internetzugang (Aufgabe 5)
Ökostrom (S. 37)	**Lernziele:** Mit einem Mystery beantworten die Schüler*innen in Gruppenarbeit Fragen zur Herkunft, Verteilung und Finanzierung von Ökostrom (M1, M3, B3, B4, H1).

Tabellarische Übersicht

KV	Lehrerhandreichung
Verkehr (S. 38)	**Lernziele:** Mithilfe einer Grafik zum verkehrsmittelabhängigen CO_2-Ausstoß schätzen die Schüler*innen ab, wie viel CO_2 sie durch Mobilität verursachen und wie große Unterschiede bei der individuellen CO_2-Verursachung zustande kommen. In Kleingruppen diskutieren sie weitere Möglichkeiten zur CO_2-Einsparung im Verkehrsbereich (O1, O3, K2, H1, H2). **Zusätzlich benötigtes Material:** Internetzugang (Aufgabe 1); falls dies nicht möglich ist, können die Jugendlichen die Entfernungen auch über Stadtpläne und Atlaskarten oder nach der Zeit, die sie für ihre Wege benötigen, abschätzen (Stadtbus: ca. 30 km/h; S-Bahn: 100 km/h).
Einkaufen (S. 39)	**Lernziele:** Die Schüler*innen informieren sich über klimafreundliches Einkaufen und setzen die Kenntnisse in einem Quiz um. In Gruppenarbeit vergleichen sie die CO_2-Fußabdrücke ihrer Mahlzeiten und schließlich rechnen sie anhand eines Fallbeispiels aus, wann sich die Anschaffung eines energieeffizienteren Elektrogerätes lohnt (M3, K1, K2, H1, H2).
Klima-kompensation (S. 41)	**Lernziele:** Die Schüler*innen vergleichen anhand von Klimaschutzprojekten und Emissionshandel Möglichkeiten der Klimakompensation, erkennen anhand eines fiktiven Beispiels die Probleme und recherchieren, wie Klimakompensation für uns als Privatperson in der Praxis aussehen kann (M2, B1, B3, H1, H2). **Zusätzlich benötigtes Material:** Internetzugang (Aufgabe 3)
Bäume pflanzen (S. 42)	**Lernziele:** In Kleingruppen vergleichen die Schüler*innen vier konkrete Möglichkeiten der Klimakompensation durch Baumpflanzungen und Waldschutzprojekte und formulieren eine begründete Entscheidung (M2, K1, K2, B1, H1, H2). **Besondere Hinweise:** Zuvor sollte idealerweise das Thema „Klippelemente“ (vgl. S. 16 f.) behandelt worden sein.

Quellen

Böge, Stefanie:
Erfassung und Bewertung von Transportvorgängen: Die produktbezogene Transportkettenanalyse (1992)
auf www.stefanie-boege.de/texte/joghurt.pdf → *Grundlage für die Reise eines Joghurtglases bis zum*zur Verbraucher*in (S. 39)*

Deutsche IPPC-Koordinierungsstelle (Hrsg.):
1,5 °C globale Erwärmung – Der IPCC-Sonderbericht über die Folgen einer globalen Erwärmung um 1,5 °C (2018)
auf www.de-ippc.de → *Grundlage für die erforderlichen CO_2-Reduktionen, um das 1,5°C- bzw. 2,0°C-Ziel zu erreichen*

Grabolle, Andreas; Loitz, Tanja:
Pendos CO_2-Zähler (2007)
zitiert im LANUV-Fachbericht 29 NRW auf www.lanuv.nrw.de/veroeffentlichungen/fachberichte/fab29/fabe29.pdf → *Grundlage für den Infokasten „CO_2-Fußabdrücke verschiedener Lebensmittel“ (S. 40)*

Koch, Martin:
„Häufung milder Winter“ – Klimaforscher Prof. Dr. Mojib Latif im Interview mit der Deutschen Welle (2012)
auf www.dw.de/mojib-latif-h%C3%A4ufung-milder-winter/a-16487325 → *Inspiration für die Aufgabe zum „Würfel-Experiment“ (S. 26)*

Mason, Inman:
Carbon is forever, Nature Reports Climate Change (2008)
auf www.nature.com/climate/2008/0812/full/climate.2008.122.html → *Grundlage für den Infokasten „Klimaveränderungen in Zahlen“ (S. 14)*

Naturefund e.V., Oro Verde – die Tropenwaldstiftung, PRIMAKLIMA e.V. und Stiftung Unternehmen Wald:
- www.climatefarming.com
- http://regenwald-unterrichtsmaterial.oroverde.de/schutzprojekte-unterstuetzen/regenwald-kaufen-artenvielfalt-bewahren
- www.prima-klima-weltweit.de
- www.wald.de/wie-viel-kohlendioxid-co2-speichert-der-wald-bzw-ein-baum

→ *Grundlagen der CO_2-Berechnung in den zur Auswahl stehenden Projekten in der „Sponsorenlauf-Aufgabe“ (S. 42)*

Naturschutzbund Deutschland e.V. (NABU):
www.nabu.de/themen/klimawandel/grundlagen/08146.html → *Grundlage für die Zuordnungsaufgabe bei „Folgen für Arten und Ökosysteme“ (S. 22 f.)*

Potsdam – Institut für Klimafolgenforschung:
Mehr Wetterextreme durch Aufschaukeln riesiger Wellen in der Atmosphäre (2014)
auf www.pik-potsdam.de/aktuelles/pressemitteilungen/mehr-wetterextreme-durch-aufschaukeln-riesiger-wellenin-der-atmosphaere → *Grundlage für die Infotexte bei „Deutschlandwetter der Zukunft“ (S. 27 f.)*

Worum geht es beim Klimawandel?

Ursachen der globalen Erwärmung und Klimaforschung

„Die Erde erwärmt sich und der Mensch ist die Ursache." Als erster Wissenschaftler kam im Jahr 1896 der Schwede Svante Arrhenius auf diese Idee. Er freute sich darüber, dass es in seinem kalten Heimatland dadurch wärmer werden würde.
Heute wissen wir bereits deutlich mehr über den Klimawandel, die Gründe dafür und auch über die Folgen. Der wichtigste Grund – Arrhenius kannte ihn bereits – ist das **CO_2 (Kohlenstoffdioxid), das bei der Nutzung von Kohle, Erdöl und Erdgas freigesetzt wird.** Wenn man es so sehen will, war der erste Klimabösewicht der Erfinder James Watt. Er ließ 1769 eine hocheffiziente Dampfmaschine patentieren. Sie ermöglichte die Industrielle Revolution und die dafür benötigte intensive Kohlenutzung. Seitdem hat sich die Erde **um etwa 1 °C erwärmt.** Zwar gab es auf der Erde schon immer Klimaänderungen, doch die vom Menschen verursachte globale Erwärmung erfolgt erheblich schneller als natürliche Schwankungen. Natur und Mensch können sich nicht rechtzeitig daran anpassen. Ökosysteme brechen zusammen. Ernährungssicherheit und Wohlstand sind gefährdet. Um schlimme Folgen abzuwenden, darf die **globale Erwärmung 2 °C** nicht überschreiten und sollte möglichst sogar **auf 1,5 °C begrenzt werden.** Dafür sind weitreichende Maßnahmen nötig. Je nachdem, welches der beiden Ziele angesteuert wird, muss der **globale CO_2-Ausstoß bis 2030** gegenüber dem Wert von 2010 **um 25–45 % reduziert** werden. Der Zeitpunkt, an dem keinerlei CO_2 mehr ausgestoßen werden darf, läge zwischen 2050 und 2070. Doch auch wenn keinerlei CO_2 mehr freigesetzt wird, setzen sich die einmal eingeleiteten Klimaveränderungen noch über sehr lange Zeit fort. Es ist daher sehr wichtig, schnell zu handeln – möglicherweise ist es bereits zu spät, die Ziele zu erreichen.
Bei Klimaschutzmaßnahmen geht es auf der einen Seite darum, möglichst **viel Energie einzusparen.** Jede und jeder für sich kann etwas dazu beitragen. Auf der anderen Seite soll die Energieversorgung auf **erneuerbare Energiequellen**, wie Wind, Sonne, Wasser und Biomasse, umgestellt werden. Die bisherigen Maßnahmen reichen jedoch bei Weitem noch nicht aus. Bislang hat der weltweite CO_2-Ausstoß noch nicht abgenommen.

© bluedesign – stock.adobe.com

Sagt der eine Planet zum anderen:
„Mir geht es schlecht, ich habe Mensch."
Darauf der andere Planet:
„Mach dir keine Sorgen, das hatte ich auch schon mal. Das geht wieder weg."

Aufgaben

1. **Fasse die Informationen dieses Blattes mit eigenen Worten zusammen und stelle sie in Form eines Lernplakats dar.**
2. **Lege eine Tabelle zum Klimawandel mit den drei Spalten „Entstehung", „Folgen" und „Bekämpfung" an. Trage alles, was du schon einmal über den Klimawandel gehört oder gelesen hast, stichpunktartig an der richtigen Stelle in die Tabelle ein.**
   Tauscht euch anschließend zu zweit über eure Ergebnisse aus.
3. **„Wer mit dem Auto gegen die Wand fährt, sollte bremsen, auch wenn der Aufprall nicht mehr aufzuhalten ist." Übertrage diese Aussage auf den Klimawandel!**

Planeten: © Norbert Höveler

Der Treibhauseffekt – 1/2

Ursachen der globalen Erwärmung und Klimaforschung

Das Grundprinzip

Wenn du schon einmal an einem eiskalten, aber klaren Tag in einem sonnigen Raum gewesen bist und trotz der Kälte nicht zu heizen brauchtest, kennst du den Treibhauseffekt. Die Glasscheiben sind **durchlässig für die kurzwellige Lichtstrahlung**. Sie erhitzt die Wände und Oberflächen im Raum, die daraufhin Wärme abstrahlen. Die **langwellige Wärmestrahlung wird** von den Fensterscheiben **jedoch zurückgehalten**, sodass sich der Raum aufheizt, auch wenn die Wintersonne im Freien kaum wärmt. Der Treibhauseffekt in der Atmosphäre funktioniert genauso, nur dass sogenannte Treibhausgase die Rolle der Glasscheiben übernehmen.

In einem Glashaus ist der Treibhauseffekt besonders gut zu spüren. Hier wird er bewusst für das Heranzüchten Wärme liebender Pflanzen genutzt.

Treibhausgase

Treibhausgase kommen **von Natur aus in der Atmosphäre** vor und das ist auch gut so: Ohne sie würde viel mehr Wärmestrahlung ins All entweichen und auf der Erde würde ein lebensfeindliches Klima mit einer Temperatur von –18 °C herrschen. Dank der Treibhausgase ist es an der Erdoberfläche im Durchschnitt in etwa 15 °C warm.

Die wichtigsten Treibhausgase sind **Wasserdampf** (H_2O) und **Kohlenstoffdioxid** (CO_2). Sie sind zwar nur zu einem geringen Teil in der Atmosphäre vorhanden, bewirken jedoch den größten Teil des natürlichen Treibhauseffektes. Wie stark sich ein Treibhausgas auf das Klima auswirkt, hängt nämlich nicht nur von seinem **Gehalt in der Luft** ab, sondern auch davon, **wie lange** das Gas **in der Atmosphäre** bleibt und **wie stark** das Gas **Wärmestrahlung abblockt** und zurück auf die Erde strahlt.

Der Gehalt eines Treibhausgases in der Atmosphäre ist vom Menschen beeinflussbar: Seit der **Industriellen Revolution** in der zweiten Hälfte des 18. Jh.

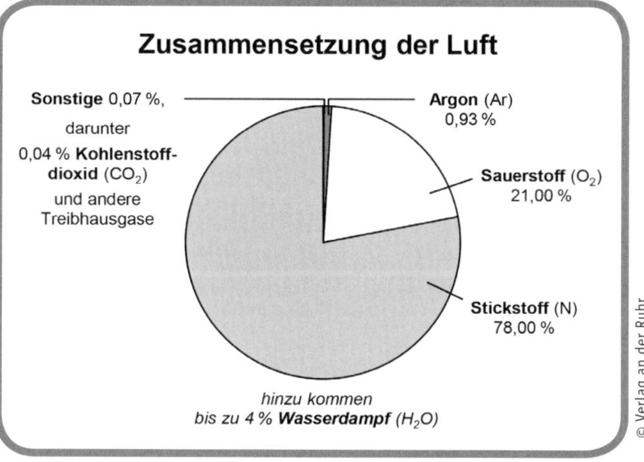

wird v. a. durch die zunehmende Nutzung fossiler Brennstoffe, wie Kohle, Erdöl und Erdgas, **immer mehr CO_2 freigesetzt**. So haben wir zu der oben beschriebenen natürlichen Erwärmung bereits ein weiteres Grad hinzugefügt. Und weil wir immer mehr Treibhausgase freisetzen, wird der **natürliche Treibhauseffekt in Zukunft noch viel mehr verstärkt.**

Info

Es wird zwischen dem **natürlichen Treibhauseffekt** und dem **durch den Menschen verursachten Treibhauseffekt** unterschieden.

Info

Wenn CO_2 in die Luft gelangt, bleibt es mehrere 100 Jahre in der Atmosphäre. Methan (CH_4) baut sich hingegen nach 25 Jahren ab, Lachgas (N_2O) nach 114 Jahren.

Der Treibhauseffekt – 2/2

Ursachen der globalen Erwärmung und Klimaforschung

Die wichtigsten vom Menschen verursachten Treibhausgase

	Kohlenstoffdioxid (CO_2)	**Methan** (CH_4)	**Lachgas** (N_2O)
	© mitifoto – stock.adobe.com	© m.bonotto – stock.adobe.com	© nmann77 – stock.adobe.com
Quellen	• Fossile Brennstoffe • Abholzung • Zementherstellung	• Rinderhaltung • Reisanbau • Industrie	• Viehhaltung • Düngemittel • Kraftwerke • Verkehr
Gehalt in der Atmosphäre (vor der Industriellen Revolution und heute)	*Früher:* 280 ppmv* *Heute:* 407 ppmv*	*Früher:* 0,72 ppmv* *Heute:* 1,86 ppmv*	*Früher:* 0,27 ppmv* *Heute:* 0,33 ppmv*
Treibhauspotenzial	1	28	265

* **ppmv** ist die Abkürzung für die Einheit **parts per million** = **„Teile von einer Million“** (so wie Prozent „Teile von Einhundert“ sind) in Bezug auf das Volumen.

Aufgaben

1. **Lies die Texte auf der ersten Seite aufmerksam durch. Tut euch zu zweit zusammen und erklärt euch gegenseitig in eigenen Worten, ...**
   a) **... was der Unterschied zwischen dem Treibhauseffekt in einem Glashaus und dem Treibhauseffekt unter freiem Himmel ist.**
   b) **... warum die Erde ohne den Treibhauseffekt viel kälter wäre, als sie tatsächlich ist.**
2. **Stelle den Treibhauseffekt in einer Zeichnung dar. Nutze Pfeile, um deutlich zu machen, wie sich die Strahlung in einem Glashaus und in einer Atmosphäre mit Treibhausgasen verhält.**
3. **Nicht jedes Gas wirkt sich gleich stark auf den Treibhauseffekt aus. Nenne die drei Faktoren, von denen es abhängt, wie sehr ein bestimmtes Treibhausgas das Klima beeinflusst.**
4. **Zeichne mithilfe der Informationen aus der oben stehenden Tabelle ein Balkendiagramm, das zeigt, welchen Einfluss die drei dargestellten Treibhausgase am durch den Menschen verursachten Treibhauseffekt haben.**
   a) **Rechne dafür aus, um wie viele ppmv der Gehalt der Treibhausgase in der Atmosphäre seit Beginn des Industriezeitalters gestiegen ist, und multipliziere das Ergebnis mit dem Treibhauspotenzial des Gases.**
   b) **Die so ermittelten Werte trägst du als Balken in das Diagramm ein – auf der y-Achse beginnen die Balken für die drei Gase und die x-Achse beschreibt die Höhe des durch den Menschen erzeugten Einflusses.**
5. **Neben den drei genannten gibt es noch weitere vom Menschen verursachte Treibhausgase. Recherchiere im Internet, welche das sind, woher sie kommen und wie sie wirken.**

Info

Die Wirkung, die ein Gas auf das Klima hat, wird mit dem **Treibhauspotenzial** angegeben. CO_2 hat dabei den Wert 1. Ein Gas mit einem Treibhauspotenzial von 2 wäre also bei gleicher Menge doppelt so klimawirksam wie CO_2.

Kohlenstoff auf der Erde

Ursachen der globalen Erwärmung und Klimaforschung

Was haben Schulkreide, Salat und Benzin gemeinsam? Sie enthalten Kohlenstoff (C), das gleiche Element, das auch in CO_2 und anderen Treibhausgasen enthalten ist. Die **Gesamtmenge des Kohlenstoffs** auf der Erde **bleibt immer gleich**. Die Form, in der er gebunden ist, ändert sich jedoch. Man spricht deshalb vom Kohlenstoffkreislauf.

Der allergrößte Teil des Kohlenstoffs, nämlich 99,95 %, befindet sich im **Gestein** der Erde. Bei der Herstellung von Zement und Beton wird er aus dem Kalkstein herausgelöst und gelangt in Verbindung mit Sauerstoff (O_2) als CO_2 in die Atmosphäre. Auch jedes **Lebewesen** enthält Kohlenstoff, ebenso wie die Stoffe, die aus toten Lebewesen bestehen.

Das sind der **Humus** im Boden, **Torfmoore** und die **fossilen Energieträger**: Kohle, Erdöl und Erdgas. Ihre Lagerstätten haben sich im Boden über viele Millionen von Jahren gebildet und dabei der Luft CO_2 entzogen. Nun wird es bei der Verbrennung der fossilen Energieträger in Fahrzeugen, Öfen und Kraftwerken innerhalb nur weniger Jahrhunderte wieder freigesetzt.

In sogenannten **Kohlenstoffsenken** wird **CO_2 aus der Luft** aufgenommen und **gebunden**. Die größte Kohlenstoffsenke ist das Meer. Wälder sind ebenfalls wichtige Kohlenstoffsenken, weil dort mehr Kohlenstoff gebunden ist als in anderen Pflanzendecken. Dass weltweit immer mehr Waldflächen abgeholzt werden, verstärkt deshalb den Treibhauseffekt.

© RTimages – stock.adobe.com

Selbst ein Diamant – Kohlenstoff in seiner reinsten Form – verbrennt bei sehr hohen Temperaturen zu CO_2.

Der Mensch im Kohlenstoffkreislauf

Zur Energiegewinnung wird unsere Nahrung im Körper verbrannt. Der Kohlenstoff aus dem Butterbrot (C) wird dann zusammen mit dem eingeatmeten Sauerstoff (O_2) als CO_2 wieder ausgeatmet. Wenn wir wachsen oder dicker werden, wird Kohlenstoff in unserem Körper gebunden. Nach dem Tod werden wir von Bakterien zersetzt und der Kohlenstoff wird in Verbindung mit Sauerstoff als CO_2 wieder freigesetzt.

Info

Die Menschen verursachen durch Energieverbrauch, Abholzung und andere Tätigkeiten etwa 10-mal so viel CO_2, wie sie durch Atmung in der Luft freisetzen.

Aufgabe

Lies die folgenden Situationen durch – gerät hier CO_2 in die Luft oder wird eine Kohlenstoffsenke geschaffen? Entscheide zunächst selbst, vergleiche anschließend deine Ergebnisse mit deiner Nachbarin oder deinem Nachbarn und diskutiert die Beispiele, bei denen ihr unterschiedliche Antworten gefunden habt. Könnt ihr euch gegenseitig überzeugen?

a) In Europa wachsen nach der Eiszeit wieder Wälder.

b) In China brennen nach einer Selbstentzündung Kohleflöze.

c) Es wird immer mehr Erdöl gefördert, weil der Treibstoffbedarf zunimmt.

d) In einer Sumpflandschaft bildet sich ein mächtiges Torfmoor.

e) In Südamerika wird Regenwald abgebrannt, um Bio-Treibstoff anzubauen.

f) Ein Holzhaus wird durch ein Betongebäude ersetzt.

g) Eine Leiche wird haltbar gemacht und zu einer Mumie verarbeitet.

CO_2-Anstieg in Luft und Meer

Ursachen der globalen Erwärmung und Klimaforschung

Im Jahr 1957 begann der amerikanische Klimatologe **Charles Keeling** damit, regelmäßig den CO_2-Gehalt der Atmosphäre zu messen. Er bestieg dazu den Mauna Loa, einen 4 170 m hohen Vulkan auf Hawaii. Die Messungen dauern bis heute an und zeigen einen stetigen CO_2-Anstieg. Dass der CO_2-Gehalt der Luft in den letzten 800 000 Jahren etwa gleich blieb und erst seit dem Beginn der Industrialisierung, Ende des 18. Jh., steigt, beweist alte Luft aus früheren Zeiten. Wissenschaftlerinnen und Wissenschaftler fanden sie in Eisbohrkernen aus den dicken und uralten Landeismassen von Grönland und der Antarktis.

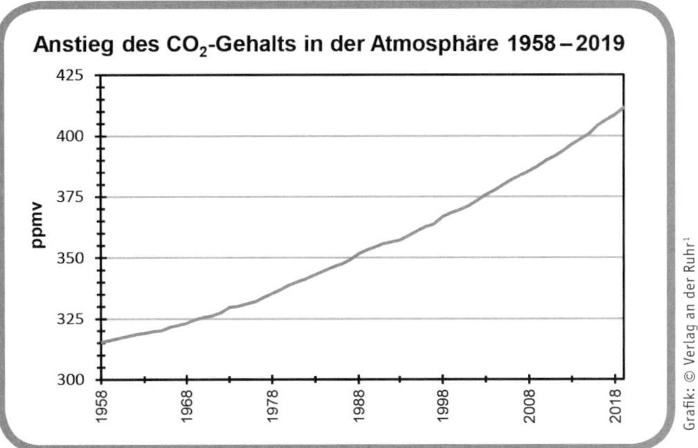

Die Keeling-Kurve – sie verdeutlicht den Anstieg des CO_2-Gehalts in der Atmosphäre.

ppmv ist die Abkürzung für die Einheit **parts per million = „Teile von einer Million"** (so wie Prozent „Teile von Einhundert" sind) in Bezug auf das Volumen.

[1] *Daten nach: Dr. Pieter Tans, National Oceanic and Atmospheric Administration (NOAA)/Earth System Research Laboratory (ESRL) www.esrl.noaa.gov/gmd/ccgg/trends, and Dr. Ralph Keeling, Scripps Institution of Oceanography http://scrippsco2.ucsd.edu/*

Charles Keeling (*1928, †2005)

Meeresversauerung

Ein Teil des in der Luft enthaltenen CO_2 wird vom Meer aufgenommen. Das entlastet die Atmosphäre, führt aber dazu, dass das Meerwasser saurer wird. Das im Wasser gelöste CO_2 wirkt dabei wie ein Entkalker in einer Kaffeemaschine. Doch Kalk ist ein wichtiges Baumaterial im Meer und die Versauerung behindert all die Lebewesen, die ihn zum Aufbau ihrer Schalen und Skelette nutzen. Dazu gehören Korallenriffe und viele Muscheln und Schnecken, z. B. die bekannten Miesmuscheln. Betroffen ist auch das Plankton, welches die Nahrungsgrundlage für viele andere Meereslebewesen bildet. Es ist wahrscheinlich, dass die vom Menschen verursachte CO_2-Zunahme die Lebensgemeinschaft im Meer verändern wird, wobei einige Arten auch profitieren. Mehr CO_2 im Meer bedeutet nämlich auch eine bessere Düngung und mehr Algenwachstum.

Experiment

Wie viel CO_2 das Meer aufnehmen kann, hängt von seiner Temperatur ab: Kaltes Wasser kann mehr CO_2 binden als warmes Wasser.
Das kannst du mit zwei Sprudelflaschen (sie enthalten CO_2) ausprobieren. Stelle eine der beiden Flaschen für ein paar Stunden in den Kühlschrank und lagere die andere so lange bei Zimmertemperatur. Lasse anschließend beide Flaschen 15 Minuten lang geöffnet stehen. Trinke danach einen Schluck von beiden. Du wirst feststellen, dass das Wasser in der kalten Flasche viel besser sprudelt, wohingegen aus der warmen Flasche bereits CO_2 entwichen ist!

Aufgaben

1. **Verlängere die Keeling-Kurve und schätze ab, wann ungefähr sich der CO_2-Gehalt der Luft von ursprünglich 280 (vor der Industrialisierung) auf 560 ppmv verdoppelt haben wird.**
2. **Beurteile, wie sich die Erderwärmung und die CO_2-Zunahme auf die Weltmeere auswirken. Unterscheide dabei zwischen dem Nutzen des Meeres als Kohlenstoffsenke und der Gefahr der Meeresversauerung.**

Natürliche Klimaschwankungen

Ursachen der globalen Erwärmung und Klimaforschung

In der Erdgeschichte unterscheiden wir zwischen **Eiszeitaltern** und **Warmklimata**, die sich in einem Rhythmus von mehreren Millionen Jahren immer wieder abwechselten. Insgesamt war es dabei meist deutlich wärmer als heute. Eiszeitalter mit vereisten Polargebieten waren die Ausnahme. Derzeit befinden wir uns in einem solchen Zeitalter. Es gliedert sich in **Kaltzeiten** und **Warmzeiten**. In der letzten Kaltzeit (sie endete vor ca. 10 000 Jahren) reichten die Vereisungen auf der Nordhalbkugel bis nach Norddeutschland. Es folgte eine Warmzeit und momentan bewegen wir uns wieder auf die nächste Kaltzeit zu. Ohne den menschlichen Einfluss würde es auf der Erde also eigentlich ganz langsam wieder kälter werden.
Diese Wechsel zwischen Warm- und Kaltzeiten entstehen, weil sich die Bahn der Erde um die Sonne und die Neigung der Erdachse in Zyklen zwischen 25 000 und 100 000 Jahren leicht verändern.
Auch innerhalb einer Warm- oder Kaltzeit gibt es **kleinere Klimaschwankungen**. Im Mittelalter gab es z. B. einen wärmeren Zeitabschnitt, der es den Wikingern vorübergehend erlaubte, Grönland zu besiedeln. Daran schloss sich vom 15. bis 19. Jh. eine sehr kühle Periode, die „Kleine Eiszeit", an. Gründe für solche kleineren Klimaschwankungen sind z. B. die Sonnenaktivität und Vulkanausbrüche: Alle 9 bis 15 Jahre ist die Sonnenaktivität hoch. Dann ist es auf der Erde wärmer als sonst. Vulkanausbrüche hingegen sorgen vorübergehend für eine Abkühlung der Erde, weil die in die Atmosphäre gewirbelte Asche die kurzwellige Lichtstrahlung von der Sonne zurückhält.

Seit über einem Jahrhundert wird es durch den erhöhten Treibhausgas-Ausstoß durch uns Menschen immer wärmer auf der Erde. Dieser Trend wird jedoch durch natürliche Klimaschwankungen überlagert. So herrscht z. B. manchmal einige Jahre lang eine bestimmte Verteilung von Hoch- und Tiefdruckgebieten vor. Sie bestimmt, woher der Wind weht und ob er kalte, warme, feuchte oder trockene Luft heranführt. Die globale Erwärmung kann so vorübergehend verstärkt oder abgeschwächt werden.

Ein Gemälde von Hendrick Avercamp aus der mittelalterlichen „Kleinen Eiszeit".

Aufgaben

1. **Beschreibe in Stichworten alle Einflüsse, die zu natürlichen Klimaschwankungen führen können.**
2. **Werte die Zahlen im Infokasten aus:**
   a) **Berechne, wie lange es bei der derzeitigen natürlichen Abkühlung bis zur nächsten Kaltzeit dauern würde.**
   b) **Beurteile, ob die nächste Kaltzeit die globale Erwärmung aufhalten kann, ob die globale Erwärmung die nächste Eiszeit aufhalten kann oder ob beides sich ausgleicht.**
3. **Finde mit einer Internetrecherche mehr über die „Kleine Eiszeit" heraus.**

Info

Klimaveränderungen in Zahlen:

- In der letzten Kaltzeit lag die Durchschnittstemperatur um 5 °C niedriger als heute.
- Ohne den durch den Menschen verursachten Klimawandel würde sich die Erde momentan alle 1 000 Jahre um 0,1 °C abkühlen.
- Die globale Erwärmung beträgt derzeit 0,13 °C in 10 Jahren, wird sich jedoch vermutlich noch weiter beschleunigen.
- Wenn wir die gesamte fossile Energie der Erde verbrennen würden, stiege die Temperatur um 16 °C an.
- Erst nach Beseitigung der Ursachen des Klimawandels würde sich die Erde wieder abkühlen. Allerdings nur um 1 °C in 12 000 Jahren.

© Verlag an der Ruhr | Autorin: Katrin Schüppel | ISBN 978-3-8346-4457-2 | www.verlagruhr.de

Klimawandel und globale Verdunkelung

Ursachen der globalen Erwärmung und Klimaforschung

Aerosole bleiben nur wenige Jahre in der Atmosphäre, CO_2 hingegen mehrere 100 Jahre. 1	Die Nordhalbkugel erwärmt sich stärker als die Südhalbkugel, weil es dort mehr Landmasse gibt. 2	Nur 1% der globalen Erwärmung ist durch Abwärme (z. B. der Industrie) verursacht. 3
Zwischen 1850 und 2017 ist die globale Mitteltemperatur um etwa 1 °C angestiegen. 4	In den letzten Jahren befand sich die Erde in einer Phase schwacher Sonneneinstrahlung. 5	Seit 1950 war jedes Jahrzehnt wärmer als das vorhergehende. 6
Die 20 wärmsten Jahre seit Beginn der Messungen liegen in den letzten 22 Jahren. 7	In der Arktis, wo derzeit die stärkste Erwärmung stattfindet, gibt es nur sehr wenige Messstationen. 8	Seit Beginn des 21. Jh. nimmt der Aerosolausstoß in China und Indien stark zu. 9
Aerosole sind feste oder flüssige Schwebeteilchen in der Luft. Sie kommen aus Vulkanausbrüchen, Kraftwerken und Industrieanlagen. 10	Mitte des 20. Jh. wurden in Europa viele Aerosole ausgestoßen. Gegen Ende des Jahrhunderts ging der Anteil aufgrund von Schadstofffiltern zurück. 11	Aerosole reflektieren zum einen das Sonnenlicht, zum anderen verstärken sie die Wolkenbildung. Steigt die Zahl der Aerosole, kühlt sich die Atmosphäre ab und man spricht von „globaler Verdunkelung“. 12
Die größte natürliche globale Erwärmung gab es nach der Eiszeit. Sie betrug 1 °C in 1000 Jahren. 13	Nach 1995 nahm die globale Verdunkelung ab, in letzter Zeit hat sie wieder zugenommen. 14	Zwischen 1940 und 1970 ist die globale Mitteltemperatur nur wenig angestiegen. 15
Die natürlichen Einflüsse auf das Klima würden derzeit eher zu einer Abkühlung als zu einer Erwärmung führen. 16	Natürliche Klimaschwankungen überlagern die globale Erwärmung und können zeitweise sogar zu einer Abkühlung führen. 17	Zwischen 1998 und 2013 ist die globale Mitteltemperatur kaum angestiegen. 18

Aufgabe

Findet euch in Gruppen von zwei bis vier Personen zusammen und löst das Mystery! Oben seht ihr eine Reihe von Fakten zur globalen Erwärmung. Schneidet sie aus, verteilt sie zwischen euch auf dem Tisch und lest sie aufmerksam durch. Findet dann jeweils die passenden Fakten, um die folgenden Argumente von Leuten, die an der (durch den Menschen verursachten) globalen Erwärmung zweifeln, aufzugreifen und zu widerlegen:

a) Die globale Erwärmung ist eine natürliche Klimaschwankung.

b) Die globale Erwärmung existiert nicht, weil es in den letzten 100 Jahren immer wieder Zeiträume gegeben hat, in denen die Temperatur nicht angestiegen ist.

c) Die globale Verdunkelung durch Aerosole hebt langfristig die globale Erwärmung durch Treibhausgase auf.

***Hinweis:* Nicht alle Kärtchen lassen sich als Gegenargument zuordnen.**

Klimavorhersage – 1/2

Ursachen der globalen Erwärmung und Klimaforschung

Bis zum Jahr 2100 könnte sich die Temperatur gegenüber der vorindustriellen Zeit um bis zu 5,4 °C erhöht haben.

Klimamodelle

Die Erderwärmung hängt einerseits davon ab, wie viele Treibhausgase wir in Zukunft noch ausstoßen werden, andererseits aber auch davon, wie das Klima darauf reagiert. Wäre die Erde eine gleichförmige schwarze Kugel, würde sie sich um 1 °C erwärmen, wenn sich der CO_2-Gehalt der Atmosphäre verdoppelt. Ein **Klimamodell** bestünde dann aus einer einfachen Formel. Tatsächlich sind Klimamodelle aber die kompliziertesten Rechenmodelle, die es gibt. Sie berücksichtigen nicht nur die Atmosphäre, sondern auch den Ozean und die Pflanzendecke und sie zeigen, wie sich der Temperaturanstieg auf alle anderen Bereiche des Klimas, wie z. B. Wolkenbildung oder Niederschlag, auswirkt. Klimamodelle werden zunächst global, also für die ganze Erde berechnet. Kleinräumige Klimamodelle nutzen dann die Ergebnisse der globalen Modelle als Eingangswerte.
Ob ein Klimamodell die Zukunft realistisch abbilden kann, wird geprüft, indem man es das Klima der Vergangenheit anzeigen lässt. Das Ergebnis wird dann mit anderen Klimazeigern, wie z. B. Eisbohrkernen oder den Jahresringen von Bäumen, verglichen. Aufgrund der Unsicherheiten, wie unser Klima reagiert, unterscheiden sich die Ergebnisse verschiedener Klimamodelle.
Das größere Problem bei der Vorhersage des Weltklimas ist jedoch, dass niemand weiß, wie viel CO_2 wir in Zukunft ausstoßen werden. Deshalb wird in Klimamodellen immer mit verschiedenen CO_2-Werten, sogenannten **Emissionsszenarien**, gerechnet.

Auch die Daten von Wetterstationen (wie hier auf der Zugspitze) werden für Klimamodelle herangezogen.

Wetter und Klima

Ist es überhaupt möglich, dass Klimamodelle das Klima für Jahrzehnte berechnen, obwohl man das Wetter kaum für eine Woche sicher vorhersagen kann? – Ja, denn Wetter und Klima sind nicht dasselbe. Das Wetter ist der augenblickliche Zustand der Atmosphäre, das Klima hingegen ist der mittlere Zustand der Atmosphäre über einen sehr langen Zeitraum. Bei einer Wettervorhersage geht man von der aktuellen Lage von Hoch- und Tiefdruckgebieten aus und berechnet, wie diese sich weiter entwickeln. Kleine Anfangsfehler wirken sich am ersten Tag kaum aus, vergrößern sich dann jedoch mit jedem weiteren Tag. Die Vorhersage wird dann immer ungenauer, weil das Wetter eine ganz andere Entwicklung eingeschlagen hat. Eine Wettervorhersage muss deshalb ständig aktualisiert werden. Was für ein Wetter wir an einem bestimmten Tag in 50 Jahren haben werden, kann heute niemand sagen. Wie jedoch die Ausgangsbedingungen sind, welche Temperaturen und Niederschläge wir im Mittel zu erwarten haben und welche Wetterlagen häufiger bzw. seltener auftreten werden, das verraten uns Klimamodelle.

© Verlag an der Ruhr | Autorin: Katrin Schüppel | ISBN 978-3-8346-4457-2 | www.verlagruhr.de

Klimavorhersage – 2/2

Ursachen der globalen Erwärmung und Klimaforschung

Rückkopplungen und Kippelemente

Rückkopplungen und Kippelemente spielen eine wichtige Rolle in Klimamodellen. Hier geht es darum, mit einzuberechnen, wie das Klima auf die globale Erwärmung reagiert.

⊕ **Positive Rückkopplungen verstärken den Klimawandel.** Die beiden wichtigsten sind:

- **Wasserdampf-Rückkopplung** ➔ Je wärmer es wird, desto mehr Wasserdampf kann die Luft aufnehmen. Wasserdampf wirkt als Treibhausgas und verstärkt die globale Erwärmung.
- **Eis-Albedo-Rückkopplung** ➔ Wenn Eis und Schnee schmelzen, wird die Erdoberfläche dunkler. Weil dunkle Flächen sich stärker erwärmen als helle Flächen, wird der Klimawandel weiter vorangetrieben.

Info

Die **Albedo** einer Oberfläche gibt (in %) an, wie viel Licht sie reflektieren, also zurückstrahlen kann. Das ist für die Klimaforschung deshalb so interessant, weil reflektiertes Licht nicht in Wärmeenergie umgewandelt wird. Je heller eine Oberfläche, desto mehr Licht reflektiert sie und desto höher ist ihr Albedo-Wert. Schnee hat z. B. eine besonders hohe Albedo.

⊖ **Negative Rückkopplungen bremsen den Klimawandel**. Leider gibt es kaum wirksame negative Rückkopplungen. Der einmal eingeleitete Klimawandel setzt sich also immer schneller fort.

Kippelemente sind Elemente im Klimasystem der Erde, die bei einer bestimmten Entwicklung das Klima „in einen neuen Zustand kippen". Das heißt, das Klima verändert sich sprunghaft. Solche Kippelemente sind z. B.:

- die großen Eismassen an den Polen ➔ *wenn sie weiterhin abschmelzen, …*
- die Meeresströmungen und Luftströmungen ➔ *wenn sie sich durch die globale Erwärmung verändern oder zum Erliegen kommen, …*
- Ökosysteme, wie Regenwälder oder Korallenriffe ➔ *wenn sie zusammenbrechen (z. B. durch Abholzung oder Versauerung der Meere), …*

➔ *… könnte dies das Klima „umkippen"*

Aufgaben

1. **Erkläre in deinen eigenen Worten, warum man das Klima über einen viel längeren Zeitraum hinweg vorhersagen kann als das Wetter.**
2. **Diskutiert zu zweit für jeden der drei folgenden Punkte, ob es sich dabei um positive oder negative Rückkopplungen handelt:**
   a) **Wenn mehr CO_2 in der Luft ist, wachsen Pflanzen besser und binden mehr CO_2.**
   b) **Wenn der Dauerfrostboden in den Polarregionen durch die globale Erwärmung taut, entweicht Methan, ein wichtiges Treibhausgas.**
   c) **Wenn es wärmer wird, bauen Bakterien unter CO_2-Freisetzung mehr organische Substanz ab.**
3. **Es gibt Ereignisse, die in Klimamodellen nicht berücksichtigt werden, obwohl sie das Klima beeinflussen. Findet diese Ereignisse zu zweit in der folgenden Aufzählung und begründet, warum sie nicht mit einberechnet werden (können):** Bewölkungszunahme – Gletscherschmelze – Meteoriteneinschläge – Sonnenaktivität – Vulkanausbrüche – Weltwirtschaftskrisen
4. **Eine der Kurven in der Grafik zeigt, wie ein Kippelement auf den Klimawandel wirkt. Die x-Achse gibt den Zeitverlauf an, die y-Achse zeigt, wie sich ein Klimawert (z. B. Temperatur, Meeresspiegelhöhe) verändert. Entscheide, welche Kurve die Veränderung des y-Wertes durch ein Kippelement darstellt, und markiere den Zeitabschnitt, in dem das Klima „kippt".**

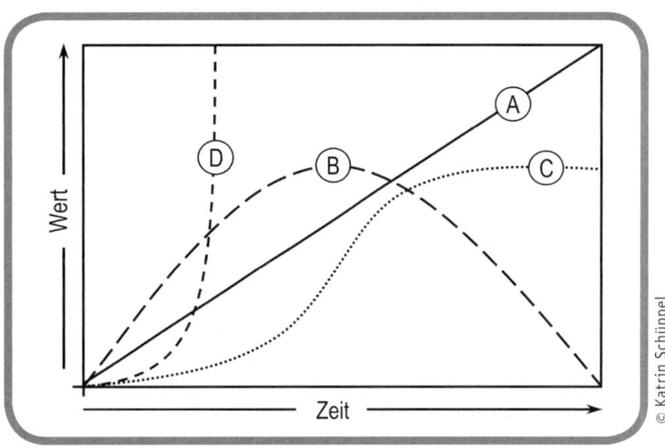

© Katrin Schüppel

Klimaforschung und das IPCC

Ursachen der globalen Erwärmung und Klimaforschung

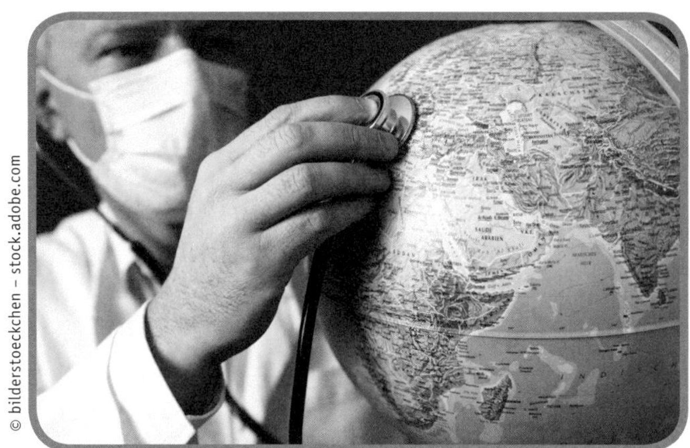

© bilderstoeckchen – stock.adobe.com

Rund um den Klimawandel forschen weltweit Tausende Wissenschaftlerinnen und Wissenschaftler aus ganz unterschiedlichen Fachrichtungen. Ihre Ergebnisse sind die Grundlage für weitere Forschungen sowie für politische Entscheidungen zum Klimaschutz und zur Anpassung an den Klimawandel. Für den einzelnen Menschen ist es kaum möglich, den Überblick darüber zu behalten, was alles erforscht wird, wo Einigkeit herrscht und wo es noch Unsicherheiten gibt.
Deshalb wurde 1988 das **IPCC (Intergovernmental Panel of Climatic Change)**, der Weltklimarat, gegründet. Es betreibt keine eigenen Forschungen, sondern fasst die Ergebnisse der Klimaforschung zusammen. Regelmäßig veröffentlicht das IPCC von allen einsehbare **Berichte**, die scherzhaft auch als „Klimabibel" bezeichnet werden. Der fünfte Sachstandsbericht ist 2013 herausgekommen, der sechste wird 2021/22 erscheinen. Drei Arbeitsgruppen beschäftigen sich mit den Grundlagen des Klimawandels, seinen Auswirkungen und möglichen Anpassungen sowie dem Klimaschutz. Die vielen Hundert **Autorinnen und Autoren** stammen aus ganz unterschiedlichen Fachgebieten und Ländern. Sie **müssen unabhängig sein**, dürfen also beim Schreiben keine bestimmten Interessen verfolgen. Mitglieder der Wissenschaft und Regierungen können vor der Veröffentlichung des Berichts Änderungsvorschläge einbringen. Dabei wird oft um Formulierungen gerungen, z. B., ob eine Klimaveränderung „wahrscheinlich" oder „sehr wahrscheinlich" ist und ob das Vertrauen in ein Forschungsergebnis „hoch" oder nur „mittel" ist – denn danach richtet sich, wie groß der Druck auf die Politik ist, etwas gegen den Klimawandel zu tun.

Aufgaben

1. **Das IPCC wurde 2007 mit dem Friedensnobelpreis ausgezeichnet. Stelle begründet dar, warum die Arbeit des IPCC gut und wichtig ist.**
2. **Erkläre, weshalb Vorstandsmitglieder eines Energiekonzerns und Abgeordnete einer Umweltpartei eher nicht in das Autorenteam für den IPCC-Bericht gewählt werden.**
3. **Tut euch zu zweit zusammen und nehmt die Rollen A und B ein:**
   A ist Staatschef oder Staatschefin eines Landes, das vom Erdölexport lebt und deshalb den Klimawandel herunterspielen möchte.
   B ist in der Umweltpolitik eines Landes aktiv, das durch den Klimawandel stark bedroht ist. B möchte daher auf die Dringlichkeit des Problems hinweisen.
   Wie würdet ihr das folgende Forschungsergebnis in einer Rede formulieren?
   „Verdoppelt sich der CO_2-Gehalt in der Atmosphäre – was bis zum Ende des Jahrhunderts der Fall sein wird, wenn die Emissionen nicht deutlich reduziert werden – so wird mit 95-prozentiger Wahrscheinlichkeit die globale Temperatur um 1,5 – 4,5 °C ansteigen."
   Könnt ihr euch auf eine Formulierung einigen?

Tipp

Hast du Lust, dich an den Forschungen zu den Veränderungen auf der Erde durch den Klimawandel zu beteiligen? Unter dem Stichwort „Citizen Science", z. B. auf der Internetseite www.buergerschaffenwissen.de, findest du Projekte, bei denen deine Mitarbeit gefragt ist. Beispielsweise kannst du bei Messungen und Beobachtungen zum Klimawandel helfen.

Zweifel am Klimawandel?

Ursachen der globalen Erwärmung und Klimaforschung

Auch wenn es in der Klimaforschung noch viele Unsicherheiten gibt – die durch den Menschen verursachte globale Erwärmung ist mittlerweile erwiesen und keine ernst zu nehmende Wissenschaftlerin oder kein ernst zu nehmender Wissenschaftler würde das leugnen. Dennoch gibt es immer wieder Einzelpersonen, Gruppen und Organisationen, die den **Klimawandel anzweifeln** und dies auch öffentlich verkünden. Sie behaupten, die globale Erwärmung sei eine Erfindung der Klimawissenschaft, um mehr Geld für ihre Forschungen zu erhalten. Dabei stecken ganz im Gegenteil oft **finanzielle Interessen** dahinter, wenn der Klimawandel geleugnet wird. Z. B. hatte der weltgrößte Mineralölkonzern ExxonMobil (Esso) bis 2007 bereits 16 Millionen US-Dollar investiert, um Stimmen aus der Wissenschaft, die den Klimawandel leugnen, zu unterstützen und Politikerinnen und Politiker davon zu überzeugen, dass es den Klimawandel nicht gibt. Warum? Weil der Konzern die wirtschaftlichen Nachteile fürchtete, die sich durch die Erkenntnis, dass das Klima sich durch die Nutzung fossiler Energieträger tatsächlich ändert, für ihn ergeben können.

Klimawandel-Leugner nennen sich selbst manchmal auch **Klimawandel-Skeptiker**. Jede neue Erkenntnis erst einmal mit Skepsis zu betrachten, gehört natürlich zur Wissenschaft dazu. Doch Klimawandel-Leugner suchen nicht die Wahrheit, sondern alles, was in ihr Weltbild und zu ihren Interessen passt. Sie nehmen die in der Klimaforschung bestehenden Unsicherheiten zum Anlass, den gesamten Klimawandel infrage zu stellen, ohne selbst über eine schlüssige Gesamttheorie zu verfügen. Und sie erhalten, obwohl sie nur eine verschwindende Minderheit sind, **in den Medien viel Aufmerksamkeit**. Die Wahrheit über den Klimawandel ist langweilig geworden. Die Details sind kompliziert und schwer zu verstehen. Die Leugner des Klimawandels mit ihren spektakulären und einfachen Thesen kommen da gerade recht. Wenn es den Klimawandel nicht gibt, braucht niemand ein schlechtes Gewissen zu haben und alle können so weitermachen wie bisher.

Klimaschutz ist sinnlos. Es ist lächerlich, zu glauben, dass das Weltklima auf unsere Versuche, Energie und CO_2 zu sparen, reagiert.

Die globale Erwärmung verursacht keine schlimmen Folgen. Im Gegenteil: Die Sommer werden länger und die Ernten besser.

Es gibt keinen Klimawandel. Die Mitteltemperatur der Erde ist in den letzten zehn Jahren nicht angestiegen.

Der Mensch hat keinen Einfluss auf das Klima. Klimaschwankungen sind durch die Sonnenaktivität bedingt.

Aufgaben

1. **Erkläre, warum es Klimawandel-Leugner leicht haben, obwohl sie im Unrecht sind.**
2. **Klimawandel-Leugner fordern, dass man nichts gegen den Klimawandel tun sollte, bevor nicht alle Unsicherheiten beseitigt sind. Nimm zu diesem Argument Stellung.**
3. **Es gibt unter den Leugnern des Klimawandels Tatsachen-Skeptiker, Ursachen-Skeptiker, Folgen-Skeptiker und Maßnahmen-Skeptiker. Ordne ihnen jeweils eine der Aussagen in den Sprechblasen zu.**
4. **Finde Internetseiten von Klimawandel-Leugnern, indem du die Begriffe „Klimawandel" und „Lüge", „Schwindel" oder „Betrug" in deine Suchmaschine eingibst. Notiere mindestens drei dort verwendete Argumente. Recherchiere dann auf den folgenden Webseiten passende Gegenargumente: www.klimafakten.de oder www.umweltbundesamt.de/themen/klimaenergie/klimawandel/haeufige-fragen-klimawandel.**

Veränderungen und Anpassungen

Folgen der globalen Erwärmung

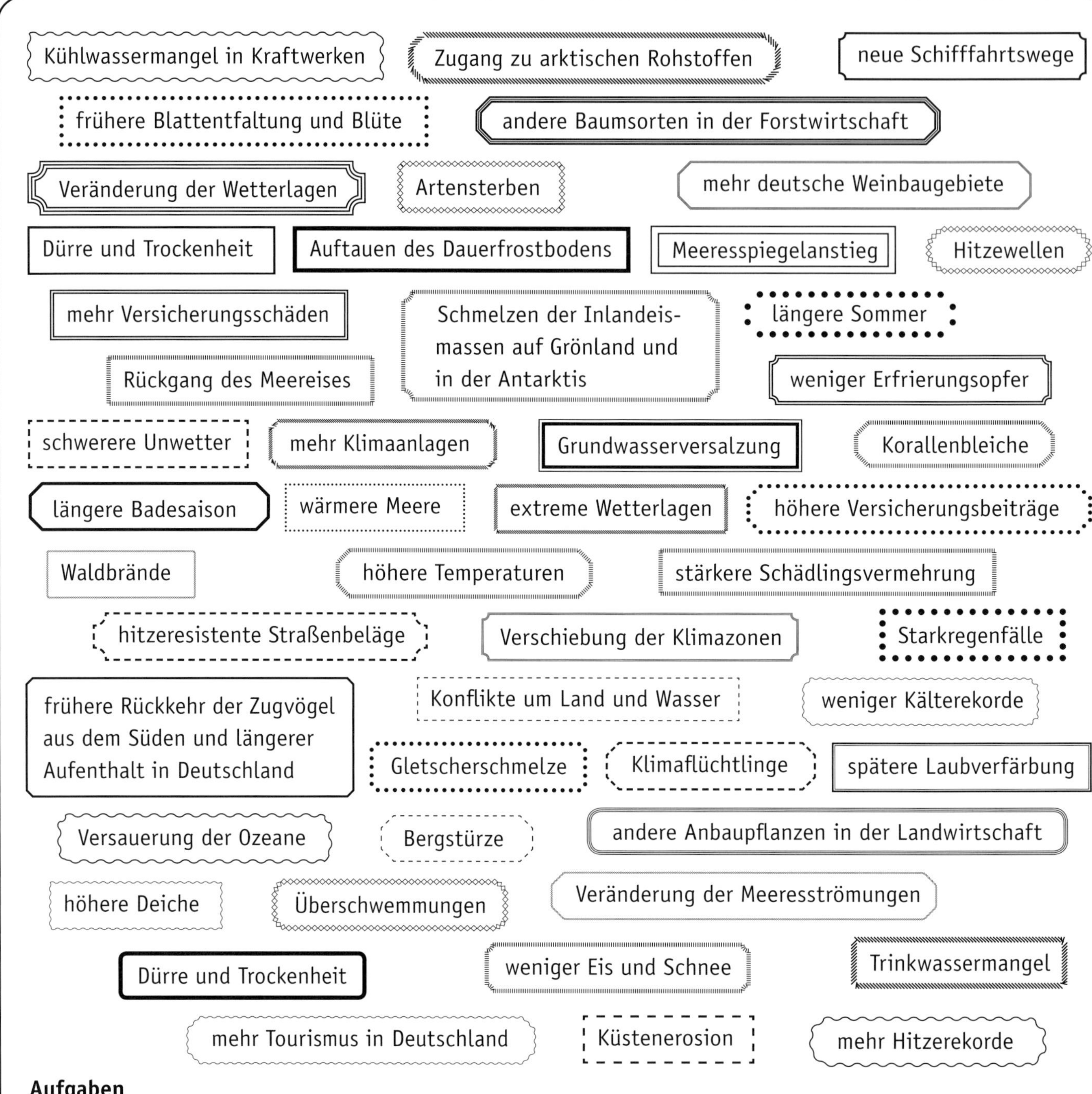

Aufgaben

1. **Oben siehst du, welche Veränderungen der Klimawandel mit sich bringt. Einige Veränderungen ergeben sich aus anderen (z. B. „Wenn es wärmer wird, wird mehr Eis verkauft."). Finde solche Beziehungen und markiere sie mit Pfeilen. Vergleiche dann mit einem Partner oder einer Partnerin!**
2. **Kreise alle Veränderungen farbig ein, die zeigen, dass die Menschen sich an den Klimawandel anpassen.**
3. **Manchmal ist der Klimawandel nur eine von mehreren Ursachen für eine Veränderung. Suche solche Beispiele aus den oben stehenden Veränderungen heraus und erkläre, welche anderen Ursachen es für die jeweiligen Veränderungen geben könnte.**
4. **Es soll ein neues Buch über Folgen und Anpassungen an den Klimawandel erscheinen. Entwirf eine mögliche Gliederung und erläutere, wie die verschiedenen Veränderungen sinnvoll in Kapiteln zusammen behandelt werden können.**

Der Anstieg des Meeresspiegels

Folgen der globalen Erwärmung

© By Drone Photos Videos – Shutterstock.com

Vom Untergang bedroht: Los Roques, eine Gruppe flacher Inseln vor der Küste Venezuelas

Mit der globalen Erwärmung steigt der Meeresspiegel. Das liegt zum einen daran, dass sich das Wasser ausdehnt, wenn es wärmer wird, und zum anderen daran, dass **Gletscher** und die **Inlandeismassen** von Grönland und der Antarktis auftauen und ins Meer fließen. Schmelzendes **Meereis** erhöht den Meeresspiegel hingegen kaum, weil es beim Auftauen auch sein Volumen verringert. Da große Eismassen langsamer schmelzen als kleine, trägt die Antarktis derzeit am wenigsten zum Meeresspiegelanstieg bei und könnte auch am längsten stabil bleiben.

Derzeit liegt der **Meeresspiegel** 19 cm höher als im Jahr 1900 und er **steigt weiterhin jedes Jahr durchschnittlich um etwa 3,2 mm**. Für die Zukunft rechnen Klimaforscherinnen und -forscher mit einem noch schnelleren Anstieg. Würde der Mensch sofort jeglichen CO_2-Ausstoß vermeiden, würde der Meeresspiegel trotzdem weiter ansteigen, weil das bisher ausgestoßene Treibhausgas sich noch sehr lange in der Atmosphäre hält.

Info

Wäre die Erde völlig eisfrei, läge der Meeresspiegel 66 m höher als heute. Das ist jedoch derzeit nicht zu befürchten. Die Durchschnittstemperatur der Erde müsste dazu um mehr als 10 °C steigen und auch dann würde das komplette Abschmelzen noch ein paar Tausend Jahre lang dauern.

Wer ist betroffen?

Der pazifische Inselstaat Kiribati hat gut 100 000 Einwohnerinnen und Einwohner und verfügt über weniger Landfläche als Berlin. Doch seine Atolle (Koralleninselgruppen) liegen bis zu 4 500 km voneinander entfernt. In einigen Jahrzehnten wird es Kiribati nicht mehr geben, denn mit Ausnahme eines Vulkans liegt das Land überall weniger als 2 m über dem Meeresspiegel.

Immer häufiger richten Sturmfluten Schäden an den Küsten an. Meerwasser dringt in die Trinkwasservorkommen ein und lässt die Felder versalzen. Kiribati ist kein Einzelfall: Etwa 50 Inselstaaten und niedrig liegende Küstenländer (z. B. Bangladesch) fühlen sich durch den Meeresspiegelanstieg bedroht. Jeder zehnte Mensch lebt weniger als 10 m über dem Meer. Besonders in armen Ländern, wo das Geld für Küstenschutzmaßnahmen fehlt, werden diese Menschen Probleme bekommen.

Info

Korallenriffe schützen tropische Küsten vor Überschwemmungen. Sie sind jedoch durch Umweltzerstörung und Meeresversauerung gefährdet.

Aufgaben

1. **Finde im Atlas oder im Internet heraus, wie hoch dein Wohnort liegt. Schätze ab, ob er vom Meeresspiegelanstieg betroffen sein könnte. Rechne nach, wann es nach der derzeitigen Anstiegsrate so weit wäre!**
2. **Suche im Atlas …**
   a) **mindestens zehn weitere Inselstaaten wie Kiribati, die vom Meeresspiegelanstieg bedroht sind.**
   b) **mindestens drei Millionenstädte in niedrigen Küstengebieten, die ebenfalls in Schwierigkeiten geraten könnten.**
3. **Bildet Kleingruppen und sammelt Vorschläge, mit welchen Anpassungsmaßnahmen man der Bevölkerung auf den bedrohten Inseln helfen könnte.**

Folgen für Arten und Ökosysteme – 1/2

Folgen der globalen Erwärmung

Fakt 1: Der Klimawandel bedroht die Ökosysteme der Erde. Bei einer Erwärmung von über 2 °C könnten etwa ein Drittel aller Tier- und Pflanzenarten aussterben. Die Gefahr ist dort am größten, wo keine Möglichkeit des Auswanderns besteht.

Fakt 2: Mit der globalen Erwärmung wandern die Klimazonen in Richtung der Pole und die Berge hinauf. Tiere und Pflanzen folgen ihnen.

Fakt 3: Häufig kommen die Einwandernden nicht von allein, sondern wurden vom Menschen aus anderen Gebieten der Erde eingeschleppt. Durch den Klimawandel verbessern sich die Bedingungen, unter denen sie sich ausbreiten können. Dabei werden heimische Arten verdrängt.

Fakt 4: Weil sich das Klima so schnell ändert, können Tiere und Pflanzen nicht mithalten und wandern verzögert hinterher. Pflanzen wandern langsamer als Tiere, Schmetterlinge langsamer als Vögel. Dadurch geraten Ökosysteme durcheinander und Arten in Bedrängnis.

Fakt 5: Es gibt auch Arten, die sich an die veränderten Klimaverhältnisse anpassen und nicht auswandern. Doch die Geschwindigkeit des Klimawandels und die Tatsache, dass sich nicht alle Arten gleichermaßen anpassen, sind ein Problem.

Gewinnerinnen und Verliererinnen des Klimawandels: Zecken und Fichten

Fakt 6: Die Reaktion der Arten und Ökosysteme auf den Klimawandel betrifft den Menschen oft ganz direkt, nämlich dann, wenn es um die Ausbreitung von Schädlingen und Krankheiten geht. Einige bekommen eine Chance, einzuwandern, andere sind schon da und können sich wegen der Erwärmung besser vermehren.

Fakt 7: Durch den Klimawandel sind nicht nur natürliche Ökosysteme gefährdet. Auch in der Land- und der Forstwirtschaft muss umgedacht werden.

Aufgaben

1. **Ordne den Fakten 1 bis 7 auf dieser Seite jeweils das passende Beispiel a bis e auf der zweiten Seite zu.**
2. **Wenn sich die globale Temperatur um 1 °C ändert, verschieben sich die Klimazonen um 100–200 km in Richtung der Pole. Derzeit beträgt der Temperaturanstieg 0,13 °C in zehn Jahren.**
   a) **Ermittele, wie weit Tiere und Pflanzen pro Jahr wandern müssten, um mitzuhalten.**
   b) **Beurteile, welche Arten das schaffen könnten und welche nicht.**
3. **Um den Klimazonen zu folgen, benötigen die Arten Wege, die nicht durch Barrieren, wie Gebirge oder Wasserflächen, versperrt sind. Untersuche mithilfe topografischer Karten im Atlas für die Kontinente Europa und Nordamerika, auf welchem Weg die Arten jeweils von Süden nach Norden gelangen könnten. Vergleiche die Situation auf beiden Kontinenten.**

© Verlag an der Ruhr | Autorin: Katrin Schüppel | ISBN 978-3-8346-4457-2 | www.verlagruhr.de

Folgen für Arten und Ökosysteme – 2/2

Folgen der globalen Erwärmung

Beispiel a:
Der Trauerschnäpper, ein Langstreckenzugvogel, hat seine Abreisedaten in seiner inneren Uhr gespeichert und kommt jedes Jahr um die gleiche Zeit aus dem Winterquartier zurück. Weil sich der Frühling jedoch aufgrund des Klimawandels um einige Tage nach vorn verschoben hat und andere Vögel sich daran angepasst haben, kommt er immer öfter zu spät und die Brutstellen sind schon alle besetzt.
Die Feldlerche macht es besser. Sie nutzt die verlängerte Sommersaison, um eine zusätzliche Brut aufzuziehen.

Beispiel b:
Die Amerikanische Pantoffelschnecke wurde im Jahr 1870 aus Amerika nach Deutschland eingeschleppt, die Pazifische Auster im Jahr 1964 aus Japan und Korea. Aber erst seit einiger Zeit erlaubt ihnen die globale Erwärmung, sich auf den Muschelbänken der Nordsee breitzumachen und die einheimischen Miesmuscheln zu verdrängen.

Beispiel c:
Die Alpen-Mosaikjungfer, eine Libelle, lebt in hochgelegenen, kühlen Mooren. Wird es wärmer, wandert sie in höhere Bergregionen. In den Alpen ist das möglich, der Schwarzwald ist jedoch zu niedrig und deshalb wird sie dort wohl aussterben.

Beispiel d:
Der Natternwurz-Perlfalter ernährt sich vom Wiesenknöterich und mag es gern kühl. Weil die Futterpflanze nicht so schnell auswandern kann wie er, gibt es für den Schmetterling kaum noch Lebensräume, in denen beides stimmt: Klima und Futter.

Beispiel e:
Die Fichte bedeckt die Hälfte der deutschen Forstfläche, obwohl sie dort in den wenigsten Fällen natürlicherweise vorkommt. Sie ist das perfekte Klimawandelopfer. Ihre flachen Wurzeln machen sie anfällig für Trockenheit und Sturmschäden. Abgesehen davon, wird sie vom Borkenkäfer geschädigt, der sich wegen des Klimawandels stärker vermehren kann als früher. Försterinnen und Förster suchen deshalb nach alternativen Baumarten.

Beispiel f:
Dem Kabeljau, einem wichtigen deutschen Speisefisch, wurde es in der südlichen Nordsee zu warm und er wanderte nordwärts. Stattdessen freuen sich die Fischerinnen und Fischer nun über die Streifenbarbe, die aus dem Mittelmeer eingewandert ist.

Verschwindet auch aus Fischstäbchen – der Kabeljau

Beispiel g:
Zecken können bei Wärme pro Jahr mehr Generationen hervorbringen. Außerdem halten sie in milden Wintern eine kürzere Winterruhe. Beides führt dazu, dass durch Zeckenbisse übertragene Krankheiten, wie Borreliose und Hirnhautentzündungen, zunehmen.

Info

Übrigens: Grundsätzlich leben in warmen Gegenden mehr Arten als in kalten Gebieten. Es ist jedoch keinesfalls so, dass die Artenvielfalt mit der globalen Erwärmung zunimmt. Eine wissenschaftliche Untersuchung der vergangenen 520 Millionen Jahre hat gezeigt, dass in Zeiten **hoher Durchschnittstemperaturen** die **Artenvielfalt geringer** war als in Zeiten niedriger Temperaturen. Die großen Aussterbewellen von Tier- und Pflanzenarten gingen mit eher hohen Durchschnitttemperaturen der Erde einher.

Rückt den Fichten zu Leibe – der Borkenkäfer

Die Arktis im Wandel – 1/2

Folgen der globalen Erwärmung

Im September des Jahres 2014 strandeten 35 000 Walrosse in Alaska. Normalerweise legen sich die Tiere auf das Packeis, wenn sie sich von der Nahrungssuche ausruhen. Da sich das Eis nun immer weiter zurückzieht, kamen die Tiere in riesigen Gruppen an Land. Dort kam es zu einer Massenpanik, bei der die Walrosse sich gegenseitig erdrückten, weil sie nicht schnell genug zurück ins Wasser ausweichen konnten. Auch Eisbären sind zur Robbenjagd auf Packeis angewiesen. Weil das schwindende Eis ihre Jagdmöglichkeiten einschränkt, sind sie vom Aussterben bedroht und werden daher oft als Symbol für die dramatischen Folgen des Klimawandels benutzt.

Die globale Erwärmung erfolgt nicht überall gleich schnell – die Arktis erwärmt sich 3-mal so stark wie die übrige Erde. In jedem Jahr verschwindet dort eine Fläche an Meereis, die so groß ist wie Belgien. Das Gebiet um den Nordpol könnte schon um 2050 im Sommer eisfrei sein. Die Tatsache, dass sich das dunkle Meer stärker erwärmt als das weiße Eis, verstärkt den Trend noch. Weil dünnes Eis jedoch schneller wächst als dickes Eis, kann sich die Eisfläche in kalten Jahren auch schnell wieder erholen. Im Winter wird es also eine eisfreie Arktis so bald nicht geben.

Auch die Inlandeismasse von Grönland schrumpft. Schon bei einer globalen Erwärmung von 2 °C vermuten Wissenschaftlerinnen und Wissenschaftler den Kipp-Punkt zum vollständigen Abschmelzen. Das würde allerdings Jahrhunderte bis Jahrtausende dauern. Am stärksten taut das Grönlandeis an den

Typische Dauerfrostbodenlandschaft in der Arktis – im Sommer bilden sich kleine Wasserflächen an der Oberfläche.

Diese drei haben einen Job als Symbol für den Klimawandel angenommen.

Rändern, doch auch im Inneren des Landes konnten Eisverluste nachgewiesen werden. Die Eisdecke wird dadurch niedriger, gerät in wärmere Luftschichten und der Auftauvorgang verstärkt sich. Weitere Folgen der Erwärmung der Arktis sind:

- Das Süßwasser, welches aus den Grönland-Gletschern in das Polarmeer fließt, **schwächt den Golfstrom ab.** Das ist eine warme Meeresströmung vor der Küste Europas. Wenn sie zum Erliegen käme, hätte das in Europa eine starke Kältewelle zur Folge. In diesem Jahrhundert rechnet die Wissenschaft jedoch noch nicht damit.
- Die arktischen Böden sind dauerhaft gefroren. Die oberste Schicht taut im Sommer auf und gefriert im Herbst wieder. Wenn die Böden wegen des Klimawandels stärker auftauen und sich in Matsch verwandeln, werden Küsten abgespült und **Häuser, Straßen und Pipelines verlieren ihren Halt**. Einige arktische Dörfer wurden deshalb bereits aufgegeben.
- Beim Auftauen des Bodens beginnen außerdem Bakterien mit dem Abbau des organischen Materials. Dabei werden **CO_2 und Methan freigesetzt**, was den Klimawandel weiter vorantreibt.

Info

Grönland würde sich übrigens durch den nachlassenden Druck des schwindenden Eispanzers heben, wodurch der **Meeresspiegel** dort, im Gegensatz zum Meeresspiegel an anderen Küsten, **sinken würde**.

Die Arktis im Wandel – 2/2

Folgen der globalen Erwärmung

Nicht alle Veränderungen, die der Klimawandel in der Arktis mit sich bringt, sind unwillkommen. Die **Erschließung von unter dem Eis liegenden Bodenschätzen**, wie Erdöl und Erdgas, wird realistischer und es wird **weniger Heizenergie** benötigt. Auch die **Landwirtschaft profitiert**: Im Süden Grönlands können seit einigen Jahren Brokkoli, Gurken, Kartoffeln und Erdbeeren angebaut werden. Darüber hinaus haben sich die **Fischfangzeiten verlängert.**
Die **Schifffahrt wird erleichtert** und Routen können verkürzt werden. Immer mehr Schiffe durchqueren im Sommer die Nordwestpassage im Norden von Amerika und die Nordostpassage im Norden von Europa und Asien. Beide waren im Jahr 2008 erstmals eisfrei. Auch die im Jahr 2019 geäußerte Idee des US-amerikanischen Präsidenten Donald Trump, Dänemark die Insel Grönland abzukaufen, zeugt von zunehmendem wirtschaftlichen Interesse an den Polarregionen. Wer die Gebiete rund um den Nordpol nutzen darf, ist allerdings oft nicht geklärt. Weil die Arktis wegen des Klimawandels interessant wird, melden viele Länder **Gebietsansprüche** an und tragen untereinander Rechtsstreitigkeiten aus.

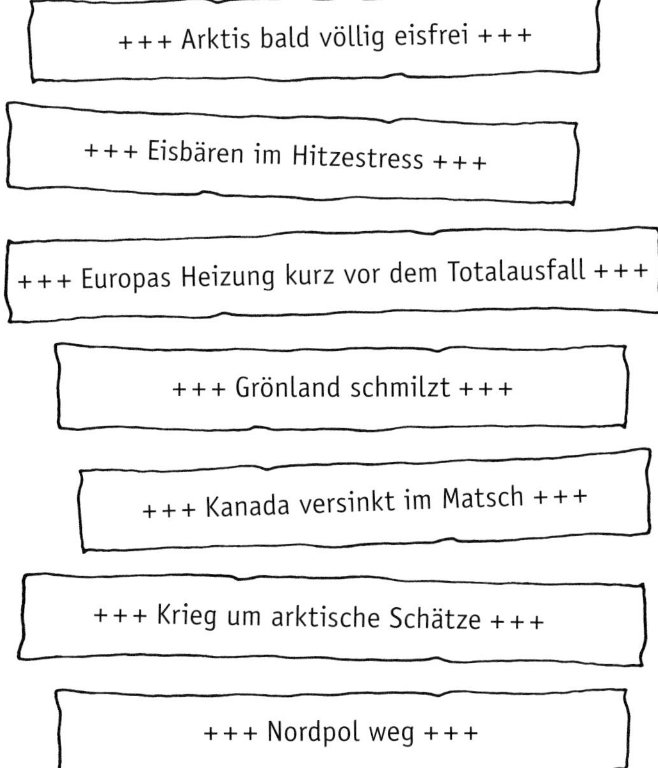

Grönland hofft auf Landwirtschaft, Industrialisierung und Bodenschätze.

Aufgaben

1. **Rückkopplungen bewirken, dass sich eine einmal eingeleitete Entwicklung verstärkt oder selbst wieder ausbremst. In dem Text findest du Hinweise auf**
   ⊕ positive Rückkopplungen (je mehr, desto mehr) und
   ⊖ negative Rückkopplungen (je mehr, desto weniger).
   Unterstreiche die positiven Rückkopplungen, die den Klimawandel verstärken, rot und negative Rückkopplungen, die den Klimawandel abschwächen, grün.
2. **Beurteile, welche in der Arktis ausgelösten Veränderungen sich nicht nur auf die Einheimischen der Arktis, sondern auch auf Menschen, die nicht dort leben, auswirken.**
3. **Ein übereifriger Sensationsjournalist hat sich, nachdem er den Text auf diesen beiden Seiten gelesen hat, die links stehenden Schlagzeilen ausgedacht. Sie sind jedoch nicht wirklich passend. Erläutere bei jeder Schlagzeile, worauf sie sich bezieht, erkläre, was daran falsch ist, und finde eine passendere Schlagzeile.**
4. **Die Antarktis ist im Hinblick auf den Klimawandel noch erheblich stabiler als die Arktis. Recherchiere im Internet oder in Büchern, wie die Antarktis auf den Klimawandel reagiert und warum sie anders reagiert als die Arktis.**

Unwetter und Klimawandel

Folgen der globalen Erwärmung

Viele Menschen in Düsseldorf und Essen werden die Frage nach dem schlimmsten Unwetter ihres Lebens mit dem Namen „Ela“ beantworten. Dieses Sturmtief fegte am Abend des 9. Juni 2014 (Pfingstmontag) mit schweren Gewittern und Sturmböen von über 140 km/h über das Rheinland und das Ruhrgebiet hinweg. In dem betroffenen Gebiet wurde jeder vierte Stadtbaum entwurzelt oder abgeknickt. Sechs Menschen starben, über 60 wurden verletzt. Wochenlang prägten umgestürzte Bäume und darunter begrabene Autowracks das Stadtbild. Wälder und einige Parks waren monatelang gesperrt, weil man mit den Aufräumarbeiten nicht nachkam und die Gefahr bestand, dass angebrochene Äste aus den Kronen herunterfallen. Die Versicherungen bezifferten den Gesamtschaden auf 650 Millionen Euro. Das war nicht mehr normal. Da war man sich einig. Aber hatte das Ganze auch etwas mit dem Klimawandel zu tun?

Kein eindeutiger Zusammenhang

Warme Luft enthält mehr Luftfeuchtigkeit und Energie. Das führt grundsätzlich dazu, dass **Stürme schwerer ausfallen.** Weil sich die Arktis jedoch schneller erwärmt als die Tropen, nehmen die Temperatur- und die Luftdruckgegensätze zwischen diesen Klimazonen ab. **Global** gesehen, wirkt sich dies **mildernd** auf Stürme aus. Stürme entwickeln sich **bei bestimmten Wetterlagen.** Weil sich die Lage von Hoch- und Tiefdruckgebieten verschiebt, treten **regional** abhängig einige Wetterlagen häufiger, andere seltener auf.

Das kann dazu führen,

- dass in einigen Gebieten Stürme zunehmen und in anderen abnehmen.
- dass zu bestimmten Jahreszeiten Stürme häufiger oder seltener als früher auftreten.
- dass es weniger Stürme gibt, besonders schwere Stürme allerdings zunehmen.

© Katrin Schüppel

So sah es nach dem Unwetter in Essen aus.

Das Würfel-Experiment

Du hast auf einem Flohmarkt einen Würfel gekauft. Die Verkäuferin sagt, er sei vermutlich gezinkt, also von innen so präpariert, dass er häufiger Sechsen würfelt als andere Zahlen. Du würfelst und gleich beim ersten Mal fällt eine Sechs.

Aufgaben

1. **Lies den Text und das Würfel-Experiment.**
   a) **Erkläre, warum die Sechs kein Hinweis darauf ist, dass der Würfel gezinkt ist. Mache einen Vorschlag, wie man herausfinden kann, ob der Würfel gezinkt ist.**
   b) **Erkläre anhand des Würfel-Experiments, warum „Ela“ allein kein sicherer Hinweis auf den Klimawandel ist.**
2. **Du bist Wissenschaftlerin bzw. Wissenschaftler und möchtest herausfinden, ob schwere Unwetter, wie „Ela“, mit dem Klimawandel im Zusammenhang stehen. Erstelle einen Plan, wie du dabei vorgehen würdest.**

Deutschlandwetter der Zukunft – 1/2

Folgen der globalen Erwärmung

In Deutschland ist die Durchschnittstemperatur seit 1880 um 1,4 °C angestiegen, also mehr als im weltweiten Durchschnitt. Das kann man allerdings nicht spüren. Viel spürbarer ist das aktuelle Wetter. Es wird von der Verteilung der Hoch- und Tiefdruckgebiete bestimmt.

Zwischen Islandtief und Azorenhoch

Normalerweise liegt über Island ein Tiefdruckgebiet und über den Azoren ein Hochdruckgebiet. Je nachdem, wie stark sie ausgeprägt sind, schwanken die Luftdruckverhältnisse über dem Nordatlantik. Dies nennt man die Nordatlantische Oszillation (NAO). Sind beide Druckgebiete stark ausgeprägt (das Gefälle von Hoch- zu Tiefdruck ist also sehr hoch), so spricht man von einer positiven NAO; sind sie schwach oder gar umgekehrt ausgeprägt, so ist die NAO negativ. Besonders das Winterklima in Deutschland ist stark von der NAO geprägt: Ist sie positiv, gibt es einen milden Winter mit viel Wind und Regen, ist sie negativ, so herrscht trockene Kälte. Die NAO schwankt in mehrjährigen, unterschiedlich langen Zyklen. Sie kann die globale Erwärmung verstecken oder auch verstärken. Inwieweit die NAO selbst vom Klimawandel beeinflusst ist, wird derzeit noch erforscht.

Im Sommer mehr Hochdruck, im Winter mehr Tiefdruck

Mit der globalen Erwärmung verschieben sich die Hoch- und Tiefdruckgebiete insgesamt nach Norden. Unser Klima wird dadurch dem Mittelmeerklima ein wenig ähnlicher. Im Sommer macht sich dabei häufiger Hochdruckeinfluss bemerkbar. Es wird heißer und trockener. Eine außergewöhnlich lange anhaltende Großwetterlage mit Hitze und Trockenheit war im Sommer 2018 in ganz Europa zu spüren. Im Winter hingegen nehmen die Tiefdruck-Wetterlagen zu. Dadurch wird es wärmer, windiger und regnerischer. Klirrende Kälte bei klarem Wetter wird es nicht mehr so oft geben.

Häufigere Wetterlagen mit Gewitter-, Sturm- und Starkregengefahr

Es gibt Wetterlagen, die immer wieder auftreten. Meteorologinnen und Meteorologen haben ihnen Namen gegeben, die meist aus Buchstaben- und Zahlen-Kürzeln bestehen und die im Expertenkreis schnell und eindeutig zu entschlüsseln sind. Die sogenannte **TM-Lage**, mit einem Tief über Mitteleuropa, führt in Deutschland häufig zu Gewittern, Sturm und starken Regenfällen. Noch gefährlicher ist die **Vb-Lage**. Dann zieht ein Tief mit warmer feuchter Luft vom Mittelmeer über die Alpen nach Mitteleuropa und bringt extrem viel Regen. Im Gebirge kommt es dann zu Bergrutschen, an Flüssen zu Überschwemmungen, wie z. B. bei den Elbe-Hochwassern 2002 und 2013. Die TM-Wetterlage ist in den letzten Jahren deutlich häufiger aufgetreten als zuvor und wird in Zukunft für mehr Wetterextreme sorgen. Dadurch wächst auch die Gefahr einer Vb-Wetterlage, weil diese sich aus einer TM-Wetterlage entwickeln kann.

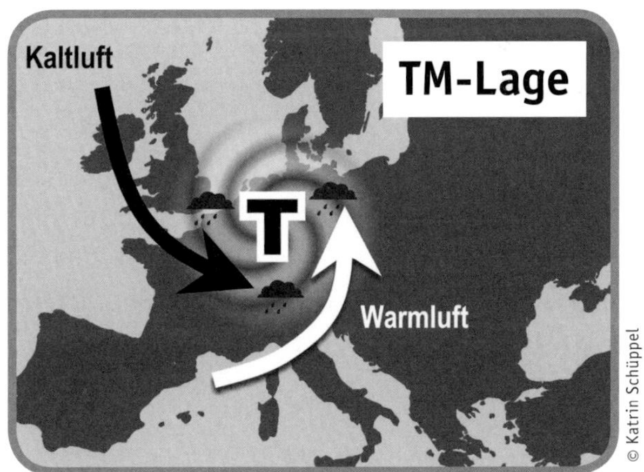

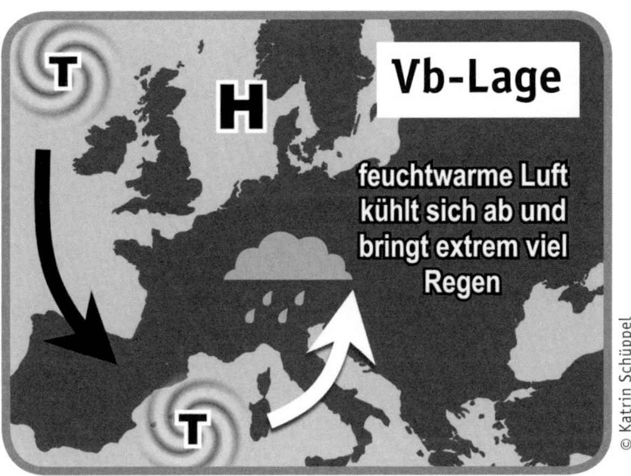

Für Deutschland gefährliche Verteilung der Hoch- und Tiefdruckgebiete über Europa.

Deutschlandwetter der Zukunft – 2/2

Folgen der globalen Erwärmung

Länger anhaltende Wetterlagen und abrupte Wechsel

In großer Höhe gibt es in den mittleren Breiten der Erde eine west-östliche Luftströmung, den sogenannten Jetstream. Er verläuft rund um die Erde und bildet dabei Wellen aus. Wenn die Wellen weit nach Süden und Norden reichen und sich kaum weiterbewegen, kommt es zu Wetterlagen, die über längere Zeit stabil bleiben. Das kann z. B. eine Hitzewelle sein wie im Sommer 2019, als mit 42,6 °C ein neuer Hitzerekord für Deutschland aufgestellt wurde.
Es kann jedoch auch eine Kältewelle oder eine lang anhaltende Periode mit starken Niederschlägen sein, je nachdem, in welchem Bereich der Jetstream-Welle man sich befindet. Bewegt sich die Welle weiter, findet ein abrupter Wetterwechsel statt. Klimaforscherinnen und -forscher haben festgestellt, dass diese extremen Ereignisse derzeit zunehmen. Als mögliche Ursache wird eine Abschwächung des Jetstreams aufgrund der starken Erwärmung der Arktis gesehen.

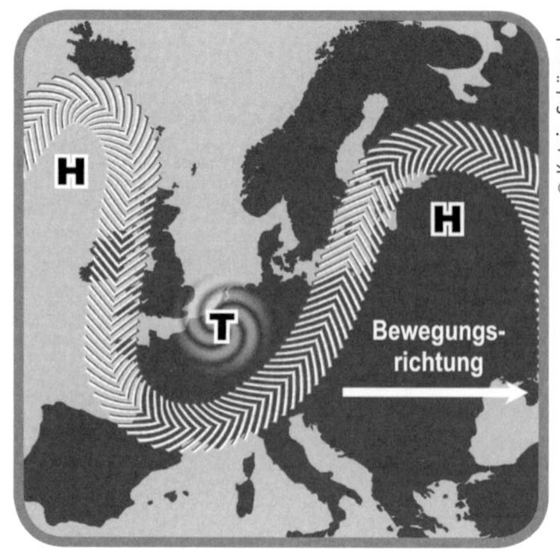

Stark ausgeprägte Jetstream-Wellen über Europa

Aufgaben

1. **Beurteile anhand des Textes, ob die vier Leute unten mit ihren Befürchtungen und Hoffnungen Recht haben. Begründe, wie du zu deiner Einschätzung gekommen bist!**
2. **Überprüfe, inwieweit die beschriebenen Wetterveränderungen dein eigenes Leben betreffen könnten. Was wird sich für dich verändern? Was bereitet dir Sorge? Wo siehst du Vorteile?**

Klimaflüchtlinge

Folgen der globalen Erwärmung

Somalia: Maxameed musste seine Rinderherde verkaufen, weil er nicht mehr genug Wasser für sie auftreiben konnte. Der ergiebige Regen zwischen Oktober und Dezember, auf den früher stets Verlass war, lässt immer weiter nach. Bis zu umgerechnet 40 € kostet ein Kanister mit 20 Litern Trinkwasser. Das kann Maxameed sich nicht leisten. Er wird nach Kenia ziehen und hofft, dort eine neue Heimat zu finden.

Nepal: Dawa Sherpa bangt um sein Dorf. Der Bergführer lebt unterhalb des gefährlichsten Gletschersees im Himalaja, dem Imja Tscho. Weil die Gletscher rundherum so schnell schmelzen, könnte der See bald überlaufen und die Dörfer im Tal mit sich reißen. Im Jahr 1985 lief bereits ein anderer See, der Dig Tscho, über und zerstörte ein ganzes Tal.

Bangladesch: Sharina lebt in den Slums von Dhaka. Sie benötigt dringend eine Arbeit. Ihre Felder in der Nähe der Küste musste die Reisbäuerin verlassen, weil sie von Meerwasser versalzen wurden. In Bangladesch, das im Delta von drei großen Flüssen liegt, sind sehr viele Menschen von Überschwemmungen und anderen Auswirkungen des steigenden Meeresspiegels betroffen.

<u>Aufgaben</u>

1. **Findet euch in Kleingruppen zusammen. Diskutiert, ob man Klimaflüchtlinge, wie Maxameed, Dawa Sherpa und Sharina in Deutschland aufnehmen sollte.**
   Entwickelt gemeinsam Kriterien, nach denen entschieden werden sollte, ob ein Flüchtling bleiben darf.
2. **In welchen Ländern sollten Flüchtlinge untergebracht werden? Erörtert die folgenden Möglichkeiten:**
   - **im eigenen Land oder in Nachbarländern**
   - **in besonders reichen Ländern**
   - **in besonders großen Ländern**
   - **in Ländern, die durch einen hohen CO_2-Ausstoß den Klimawandel verursacht haben**
   - **in den Ländern, in denen die Flüchtlinge gern leben möchten**

Anerkennung von Flüchtlingen

Flüchtlinge, die nach Deutschland kommen, müssen nachweisen, dass sie **aus politischen Gründen** verfolgt werden, um bleiben zu dürfen. Das kann z. B. die politische Meinung oder die Zugehörigkeit zu einer bestimmten Volksgruppe sein. Wer **aus einem Kriegs- oder Krisengebiet** kommt, darf oft so lange bleiben, bis sich die Lage im Heimatland verbessert hat. Wer jedoch arm ist und in Deutschland auf ein besseres Leben hofft, gilt als **Wirtschaftsflüchtling** und wird zurückgeschickt. Menschen, die flüchten, weil ihnen durch Naturkatastrophen oder sonstige Umweltveränderungen die Lebensgrundlage entzogen wurde, nennt man **Umweltflüchtlinge**. Auch sie werden in der Regel nicht als Flüchtlinge anerkannt und abgewiesen. Zu dieser Gruppe zählen auch die **Klimaflüchtlinge**. Wie viele Menschen tatsächlich wegen der globalen Erwärmung ihre Heimat verlassen, ist schwer zu sagen, da Fluchtursachen immer komplex sind. Es ist jedoch unumstritten, dass der Klimawandel eine große Zahl zusätzlicher Flüchtlinge verursachen wird. Es gibt Initiativen, die sich für die Anerkennung und Aufnahme von Klima- und Umweltflüchtlingen einsetzen, und in einigen Ländern und Fällen haben diese Menschen auch bereits Aufnahme erhalten.

Flüchtlingslager in Somalia

Katastrophenszenarios

Folgen der globalen Erwärmung

Klimawandel und Methanhydrate

Ein beliebtes Szenario aus Büchern und Filmen, die eine durch den Klimawandel ausgelöste Katastrophe beschreiben, ist die **Freisetzung von Methanhydraten.** Diese Eis-Methan-Gemische lagern in großer Menge am Meeresboden und werden bei Erwärmung des Meerwassers instabil. Das Methangas wird freigesetzt, gelangt in die Atmosphäre und verstärkt dort den Treibhauseffekt.

Wenn an einer Stelle im Meer sehr schnell sehr viel Methan aufsteigt, spricht man von einem sogenannten **Blow-Out**. Solch ein Blow-Out kann Schiffe versenken, weil dabei die Dichte des Meerwassers sinkt. Wenn plötzlich sehr viel Methan freigesetzt wird, könnte sich Ähnliches abspielen wie vor 8 200 Jahren beim Storegga-Ereignis. Damals rutschte der Kontinentalhang vor Norwegen aufgrund der instabil werdenden Gashydrate auf einer Länge von 800 km ab und verursachte einen bis zu 20 m hohen **Tsunami in der Nordsee**. Derzeit ist damit jedoch nicht zu rechnen. Wahrscheinlicher ist eine allmähliche Freisetzung über lange Zeit. In Zukunft könnten Methanhydrate möglicherweise auch abgebaut und als **Energieträger** verwendet werden.

So könnte ein Tsunami aussehen, der durch einen riesigen Erdrutsch unter Wasser verursacht wurde.

The Day after Tomorrow (2004)

Filmszene – Auch in dieser Bibliothek herrscht Eiszeit.

Handlung:
Der Film beginnt damit, dass sich eine große Eisscholle vom antarktischen Larsen-Schelfeis löst. Wissenschaftlerinnen und Wissenschaftler warnen davor, dass durch das Schmelzen des Polareises der Golfstrom zum Erliegen kommt. Dann geht plötzlich alles sehr schnell und die Katastrophenmeldungen überschlagen sich: Schnee in Neu-Delhi, Hagel in Tokio und Riesenhurrikans über den USA. Es kommt zu einer enormen Abkühlung auf unter –100 °C. Die Menschen im Süden der USA werden nach Mexiko evakuiert, die im Norden werden aufgegeben, weil man ihnen nicht mehr helfen kann. In all dem Chaos versucht der Wissenschaftler Jack Hall, seinen Sohn aus New York zu retten, was ihm am Ende auch gelingt.

Aufgaben

1. **Nenne die drei Gefahren, die von der Freisetzung von Methanhydraten ausgehen, und erkläre sie in deinen eigenen Worten einem Partner oder eine Partnerin.**
2. **Beurteile die Handlung des Films „The Day after Tomorrow". Kann so etwas wirklich passieren? Wie realistisch ist der Evakuierungsplan der amerikanischen Regierung?**
3. **Entwirf selbst eine Handlung für einen Klimawandel-Katastrophenfilm, der in Deutschland spielt!**

Internationale Klimapolitik

Globale Erwärmung und Klimaschutz

Die meisten Regierungen dieser Welt sind sich bereits seit **1992** einig, dass der Klimawandel eine ernsthafte Bedrohung darstellt und etwas dagegen unternommen werden muss. Damals unterschrieben 154 Länder die **Klima-Rahmenkonvention**, die auf dem Umweltgipfel in Rio de Janeiro ins Leben gerufen wurde.
In dem **1997** verabschiedeten **Kyoto-Protokoll** wurden erstmals feste Ziele für den CO_2-Ausstoß der Industrieländer festgelegt, die bis 2012 erreicht werden sollten. Die USA als wichtigster Verursacher der CO_2-Emissionen beteiligten sich nicht. Für Entwicklungs- und Schwellenländer gab es keine Vorgaben. Dass die vereinbarten Ziele des Kyoto-Protokolls tatsächlich eingehalten wurden, lag vor allem daran, dass Anfang der 1990er-Jahre die osteuropäischen Volkswirtschaften zusammengebrochen sind. Dadurch wurde in den betroffenen Ländern vorübergehend weniger Energie verbraucht und dementsprechend weniger CO_2 freigesetzt. Weltweit nahmen die Emissionen von Treibhausgasen während der Laufzeit des Kyoto-Protokolls jedoch weiter zu, vor allem durch den stark steigenden Energieverbrauch in Schwellenländern, wie China und Indien.
Im Jahr **2015** wurde von 195 Staaten das **Pariser Klima-Abkommen** verabschiedet. Die USA waren zunächst auch dabei, haben jedoch unter Präsident Trump wieder ihren Austritt angekündigt. Ziel des Abkommen ist es, die globale Erwärmung auf deutlich unter 2 °C, idealerweise auf 1,5 °C zu begrenzen, um schlimme Folgen des Klimawandels zu verhindern. Alle Länder verpflichten sich in Klimaschutzplänen zu bestimmten CO_2-Emissionszielen, die regelmäßig überprüft und aktualisiert werden. Der deutsche Klimaschutzplan sieht dabei vor, dass die Treibhausgas-Emissionen bis 2050, ausgehend von dem Wert von 1990, um 80–95 % reduziert werden sollen. Viele bezweifeln jedoch, dass das 2 °C-Ziel mit den bisherigen Anstrengungen zu erreichen ist. Die Zeit wird knapp. Im Jahr **2018** initiierte die schwedische Schülerin **Greta Thunberg** den ersten Schulstreik für das Klima, in dem sie stärkere Maßnahmen forderte. Daraus erwuchs 2019 die globale von Schülerinnen und Schülern ausgehende **Klimaschutzbewegung „Fridays for Future“**. Einige Städte reagierten, indem sie den „Klimanotstand“ ausriefen.

Info

Emission: Ausstoß von Schadstoffen

Aufgaben

1. **Den Industrieländern ist es zwischen 1990 und 2012 gelungen, mehr CO_2 einzusparen als geplant. Begründe, warum viele dennoch bezweifeln, dass das 2 °C-Ziel noch erreicht werden kann.**
2. **Diskutiert in Kleingruppen, wie man mit Ländern umgehen sollte,**
   - **die ihre CO_2-Ziele nicht erreichen.**
   - **die sich an einer internationalen Vereinbarung zum CO_2-Ausstoß nicht beteiligen.**
3. **Recherchiere im Internet:**
   a) **Was sind die wichtigsten Ergebnisse der Klimakonferenz von Paris 2015?**
   b) **Welche Städte haben bisher den Klimanotstand ausgerufen und was ist damit verbunden?**

   Fasse deine Ergebnisse so zusammen, dass auch jüngere Kinder sie gut verstehen können.

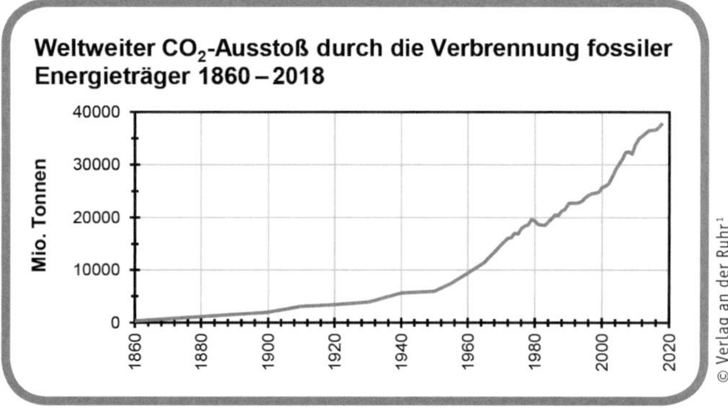

[1] *Daten nach: 1860–1989 von www.volker-quaschning.de/datserv/CO2/index.php, 1990–2016 von PBL Netherlands Environmental Assessment Agency auf www.pbl.nl/en/publications/trends-in-global-co2-and-total-greenhouse-gas-emissions-2018-report, 2017–2018 von Joint Research Centre – Emissions Database for Global Atmospheric Research auf https://edgar.jrc.ec.europa.eu/overview.php?v=booklet2019*

Klimagerechtigkeit – 1/3

Globale Erwärmung und Klimaschutz

Aufgabe

Führt ein Planspiel durch:

a) Bildet 6er-Gruppen.

b) Schneidet die Zettel auf der zweiten Seite aus, faltet sie zusammen und mischt sie gut durch. Alle ziehen nun einen Zettel und jede bzw. jeder vertritt ab jetzt das Land, das sie bzw. er gezogen hat. Dabei müsst ihr darauf achten, dass die Interessen eures Landes nicht zu kurz kommen. Wenn ihr mehr als sechs Spielerinnen bzw. Spieler in einer Gruppe seid, könnt ihr einige Länder auch zu zweit vertreten.

c) Informiert euch im Schulatlas darüber, wo die Länder liegen, die ihr gezogen habt.

d) Schaut euch die Abbildungen auf dieser Seite an und lest den Infotext über Klimagerechtigkeit auf der dritten Seite.

e) Diskutiert schließlich über das Szenario und findet eine gemeinsame Lösung. Schreibt das Ergebnis auf und stellt es der Klasse vor.

Planspiel-Szenario

Eure sechs Länder haben sich darauf geeinigt, den Gesamt-CO_2-Ausstoß eurer Länder bis zum Jahr 2035 von über 19 000 Millionen Tonnen auf 10 000 Millionen Tonnen zu reduzieren.

Welches Land sollte dabei wie viel CO_2 einsparen?

© dimbar76 – stock.adobe.com

Hier bringt der Klimawandel möglicherweise auch Vorteile: Russland

© Eduardo López – stock.adobe.com

Klarer Verlierer des Klimawandels: Bangladesch

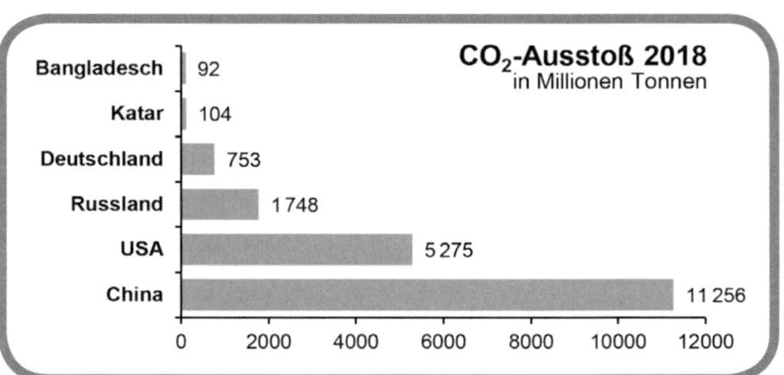

Grafik: © Verlag an der Ruhr[1]

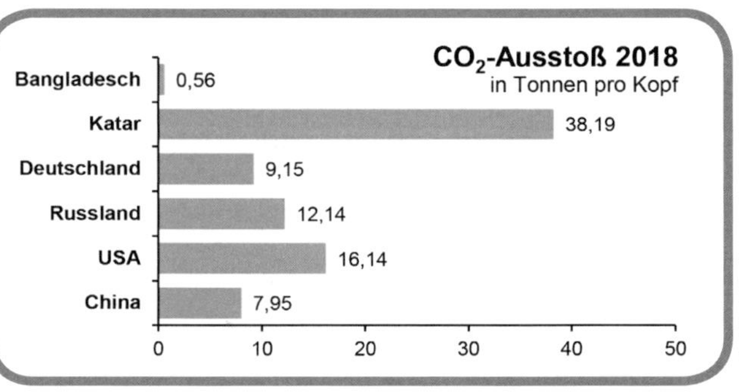

Grafik: © Verlag an der Ruhr[2]

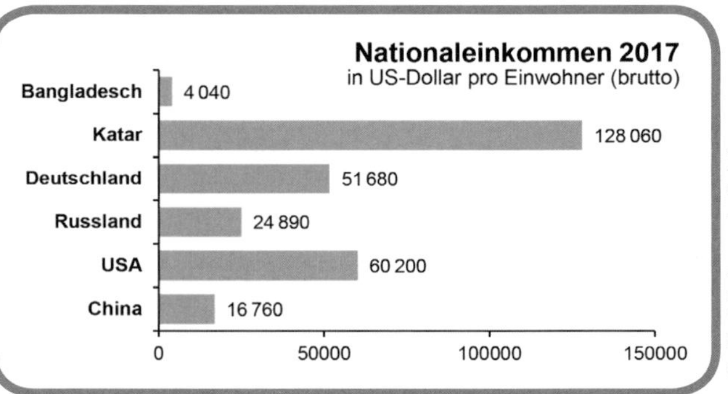

Grafik: © Verlag an der Ruhr[3]

Daten nach:

[1] Crippa, M. et al.: Fossil CO_2 and GHG emissions of all world countries – 2019 Report, Publications Office of the European Union, Luxembourg 2019 auf https://de.wikipedia.org/wiki/Liste_der_gr%C3%B6%C3%9Ften_Kohlenstoffdioxidemittenten

[2] UN Statistics Division: Millennium Development Goals Database, Julia Merlot: „Uno-Konferenz in Katowice: Wer ist Klimasünder Nummer eins?" In: Spiegel Online. 13.12.2018 und Crippa, M. et al.: Fossil CO_2 and GHG emissions of all world countries – 2019 Report, Publications Office of the European Union, Luxembourg 2019 auf https://de.wikipedia.org/wiki/Liste_der_L%C3%A4nder_nach_CO2-Emission_pro_Kopf

[3] Weltbank

Klimagerechtigkeit – 2/3

Globale Erwärmung und Klimaschutz

China

Das größte Land der Erde ist auch der größte CO_2-Verursacher. Bis in die 1990er-Jahre gehörte China zu den ärmeren Ländern und hat kaum zum Anstieg der Treibhausgase in der Atmosphäre beigetragen. Dann setzte ein rasantes Wirtschaftswachstum ein, das zu einem großen Teil darauf beruht, dass Güter für andere Länder hergestellt werden. Nicht alle Chinesinnen und Chinesen profitieren davon. Der Unterschied zwischen Arm und Reich ist sehr groß. Die Energieversorgung erfolgt durch Kohle und die Kraftwerke sind oft veraltet, was einen erheblichen CO_2-Ausstoß nach sich zieht.

Deutschland

Deutschland ist innerhalb der EU das bevölkerungsreichste Land und der größte CO_2-Verursacher. Es trägt seit über 200 Jahren entscheidend zum Anstieg der Treibhausgase bei. Deutschland hat seine Klimaschutzverpflichtungen des Kyoto-Protokolls allerdings erfüllt und die CO_2-Emissionen bis 2012 um fast ein Viertel gesenkt. Weiteren Absenkungen steht jedoch die Energieversorgung mit Kohle im Wege, die eine schnelle Energiewende hin zu erneuerbaren Energien verhindert.

Bangladesch

Bangladesch gehört zu den ärmsten Ländern der Erde. Über die Hälfte der Menschen dort leben von der Landwirtschaft. Daneben produziert Bangladesch Kleidung für den Weltmarkt. Das Land leidet bereits deutlich unter den Folgen des Klimawandels, wie Überschwemmungen und häufigen Unwettern.

Katar

Katar, Austragungsort der Fußball-WM 2022, ist ein kleines arabisches Emirat, in dem der Emir wie ein König regiert. Das Land mit dem höchsten Pro-Kopf-Einkommen der Welt verursacht auch den weltweit höchsten Pro-Kopf-Ausstoß an CO_2. Seinen Reichtum verdankt es den Erdöl- und Erdgasvorräten. Elektrizität ist für alle Staatsangehörigen Katars kostenlos.

USA

Das mächtigste Industrieland der Erde belegte beim CO_2-Ausstoß über viele Jahrzehnte den 1. Platz und wurde erst 2007 von China abgelöst. Der CO_2-Ausstoß pro Kopf ist jedoch viel höher als in China und auch den europäischen Ländern. In den USA wurde der Klimawandel insbesondere von großen Konzernen, die bei Klimaschutzmaßnahmen wirtschaftliche Einbußen befürchteten, lange Zeit heruntergespielt. Aktuell sind die US-Bürgerinnen und -Bürger gespalten: Viele fühlen sich als einer der größten Verursacher von Treibhausgas-Emissionen verantwortlich und wünschen sich mehr Klimaschutz. Ein anderer Teil lehnt jedoch Klimaschutz ab und ordnet die Bedrohung des Klimawandels als „Fake News“ ein.

(Welche der Positionen ihr hier einnehmt, sei euch überlassen.)

Russland

Russland erlebte nach dem Ende des Kommunismus einen Zusammenbruch der Wirtschaft. Dadurch sanken die CO_2-Emissionen um ein Drittel. Inzwischen wächst die Wirtschaft wieder und es wird auch wieder mehr CO_2 ausgestoßen. Russland ist eines der wenigen Länder, für die der Klimawandel auch Vorteile haben könnte. So bringt die Erwärmung geringere Heizkosten und längere Wachstumsperioden in der Land- und Forstwirtschaft mit sich. Außerdem könnte der Zugriff auf Rohstoffe, die bislang unter dem arktischen Eis liegen, möglich werden.

Klimagerechtigkeit – 3/3

Globale Erwärmung und Klimaschutz

Wer verursacht wie viel CO_2?

Im Jahr 2018 wurden weltweit über 36 Milliarden Tonnen CO_2 ausgestoßen. Je nach Land ist der CO_2-Ausstoß sehr unterschiedlich. Manche Länder verursachen nur deshalb viel CO_2, weil dort besonders viele Menschen leben. Deshalb teilt man die Gesamtemissionen durch die Zahl der Einwohnerinnen und Einwohner und erhält die Pro-Kopf-Emission. Im weltweiten Durchschnitt verursacht ein Mensch derzeit 5 Tonnen CO_2 im Jahr. Je nach Land sind die Pro-Kopf-Emissionen sehr unterschiedlich: 2018 waren es in Deutschland 9,2 Tonnen, in Katar 38,2 und in den meisten afrikanischen Ländern weniger als 1 Tonne. Um die Klimaziele einzuhalten, müssten die weltweiten Emissionen bis zum Jahr 2050 auf 5 Milliarden Tonnen sinken (weniger als 1 Tonne pro Kopf).

Die Menschen in Ecuador verursachen im Durchschnitt nur 2,6 Tonnen CO_2 im Jahr. Wir demnächst auch?

Die Waren, die für uns produziert werden, verursachen in vielen Ländern weltweit eine Menge CO_2.

Ist das fair?

Es wäre ungerecht, alle Länder gleichermaßen zu verpflichten, ihre Emissionen zu senken. In den armen Ländern gibt es kaum Industrie und viele Menschen müssen auf Elektrizität verzichten. Um die Armut zu beseitigen, muss sich das ändern, auch wenn der CO_2-Ausstoß dadurch ansteigt. Wenn man die reichen Länder verpflichten würde, ihre Emissionen auf einen bestimmten Wert abzusenken, und den armen Ländern erlauben würde, ihre Emissionen bis zu demselben Wert zu erhöhen, so wäre das gerecht. Die reichen Länder müssten dabei jedoch zu sehr großen Einsparungen bereit sein.

Hinzu kommt, dass vieles, was wir in den reichen Ländern benutzen, in ärmeren Ländern produziert wird. In Bangladesch, den Philippinen oder China stehen die Fabriken, in denen unsere Kleider, Haushaltsgeräte und Computer hergestellt werden. Die Emissionen, die dabei entstehen, werden den Herstellerländern angerechnet. Gerechter wäre es, sie den Ländern anzurechnen, in denen die Dinge verbraucht werden. Dann hätten Länder, wie die Schweiz, die zwar viel konsumieren, aber wenig Industrie im Land haben, nämlich doppelt so hohe Emissionswerte.

Die Verursacher des Klimawandels sind vor allem die reichen Länder mit ihrem hohen Bedarf an Energie und Konsumgütern. Wären sie auch die Opfer, wäre man der Lösung des Problems vielleicht schon näher. Es sind jedoch die armen Länder, die am meisten unter dem Klimawandel leiden, und das aus zwei Gründen: Zum einen liegen sie oft in warmen Regionen, wo sich die globale Erwärmung heftiger auswirkt. Zum anderen fehlt ihnen das Geld, ihre Bewohnerinnen und Bewohner vor den Gefahren des Klimawandels zu schützen. So haben sie z. B. oft nicht die Möglichkeit, Bauwerke gegen Hochwasser anzulegen oder die Trinkwasserversorgung trotz einer Dürre aufrechtzuerhalten.

© Verlag an der Ruhr | Autorin: Katrin Schüppel | ISBN 978-3-8346-4457-2 | www.verlagruhr.de

Fossile und erneuerbare Energie – 1/2

Globale Erwärmung und Klimaschutz

Fossile Rohstoffe sind über Millionen von Jahren aus Lebewesen entstanden. Sie bilden sich erheblich langsamer, als sie verbraucht werden, und sind deshalb nur begrenzt verfügbar. Bei ihrer Verbrennung zur Energiegewinnung gelangt CO_2 in die Atmosphäre. Die weltweiten Vorräte an **Kohle** würden beim derzeitigen Verbrauch noch mehrere Hundert Jahre ausreichen. Kohle verursacht jedoch von allen Energieträgern am meisten CO_2. Die **Erdöl**-Vorräte sind knapper als die der anderen fossilen Rohstoffe. Es muss zunehmend auch auf die Lagerstätten zugegriffen werden, die mit höheren Kosten und großem Energieaufwand zu erschließen sind. Das sind z. B. die Vorräte in der Tiefsee oder Ölsande aus Kanada. **Erdgas** ist der sauberste unter den fossilen Energieträgern. Wird anstatt von Kohle Erdgas verwendet, kann ein Drittel der CO_2-Emissionen eingespart werden. Doch auch die Erdgas-Vorräte sind begrenzt.

Braunkohlebagger

Info

Der Wissenschaftler Jeffrey Dukes hat berechnet, dass **durch die Verbrennung fossiler Energie weltweit in einem Jahr so viel Biomasse verbrannt wird, wie in 400 Jahren heranwächst.** In 1 Liter Benzin stecken 25 Tonnen Algen. Wenn du nur 1 Kilometer mit dem Auto fährst, verbrennst du damit so viele fossile Algen, wie das Auto wiegt.

Offshore-Windpark

Kernkraftwerk

Erneuerbare Energie wird nicht aufgebraucht, sondern steht immer wieder neu zur Verfügung. Bei der Gewinnung von **Sonnenenergie, Windenergie, Wasserkraft und Erdwärme** wird kein CO_2 frei. **Bioenergie**, z. B. aus Pflanzenresten oder Gülle, gehört auch dazu. Wenn die Biomasse verbrannt wird, gelangt zwar CO_2 in die Atmosphäre, dieselbe Menge wird jedoch wieder gebunden, wenn sie nachwächst. Ganz ohne CO_2 ist allerdings auch erneuerbare Energie nicht zu haben. Das liegt daran, dass auch beim Bau, Transport und der Pflege der Anlagen Treibhausgase frei werden.

Kernenergie ist weder fossil noch erneuerbar. Bei ihrer Erzeugung wird kein CO_2 frei, sie benötigt jedoch den Rohstoff Uran, der im Bergbau gewonnen wird. In Deutschland sollen bis 2022 alle Kernkraftwerke stillgelegt werden. Der Grund sind die mit der Kernenergie verbundenen Risiken und die Tatsache, dass immer noch keine Lösung für die radioaktiven Abfälle gefunden ist.

Fossile und erneuerbare Energie – 2/2

Globale Erwärmung und Klimaschutz

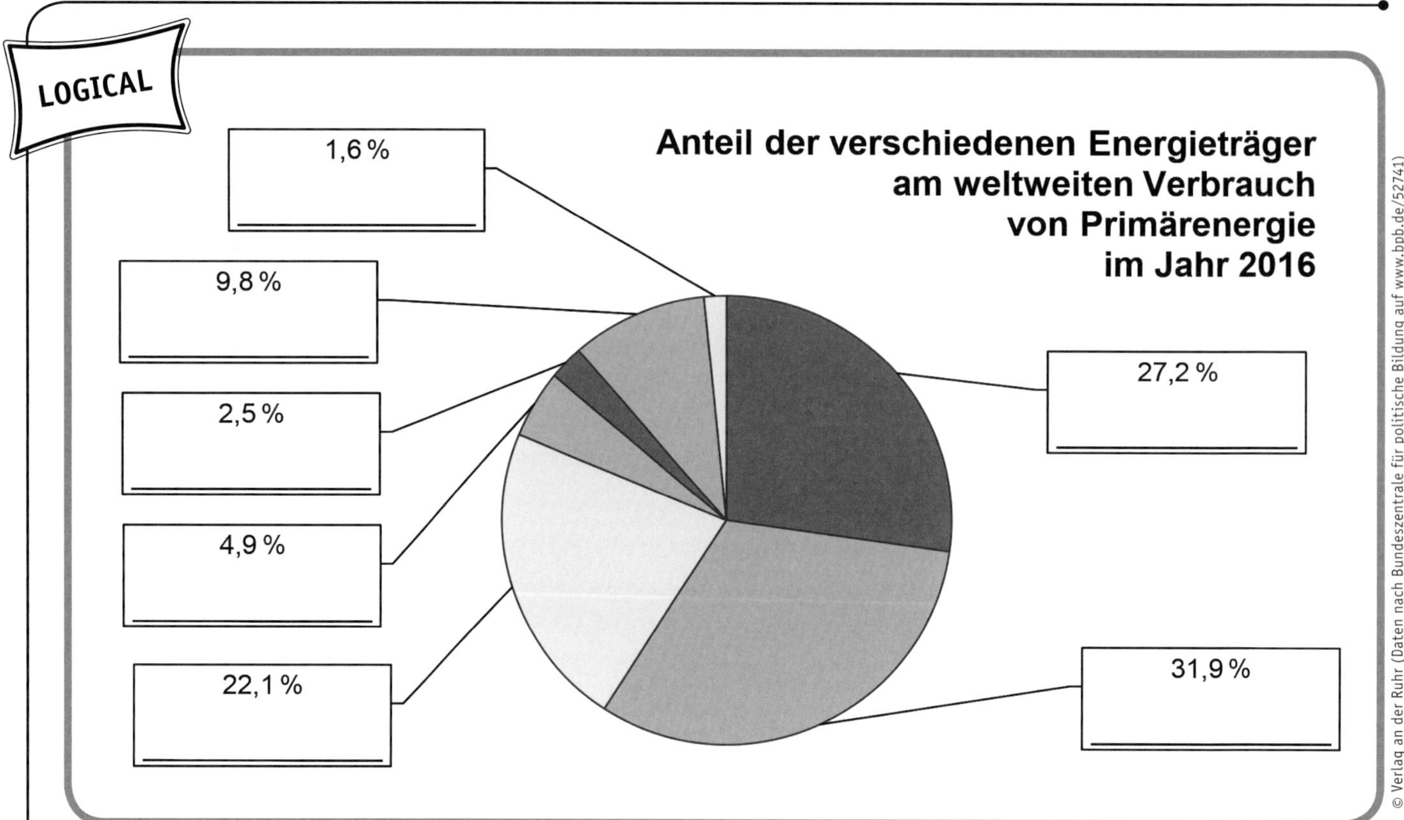

Aufgaben

1. Löse das Logical! Trage dazu anhand der folgenden Informationen und mithilfe des Infotextes auf der ersten Seite die Energieträger Biomasse, Erdgas, Erdöl, Kernkraft, Kohle, Wasser und Sonstige (Sonne, Wind, Erdwärme) an der richtigen Stelle in das Diagramm ein:
   - Der Anteil der fossilen Energieträger am weltweiten Energieverbrauch liegt bei 81,2 %, der der erneuerbaren Energien bei 13,9 %.
   - Die Energie, die im Verkehr eine große Rolle spielt, hat den größten Anteil.
   - Die Energie, die am meisten CO_2 verursacht, hat den zweitgrößten Anteil.
   - Weil sehr viele Menschen in ärmeren Ländern Brennholz und Dung zum Kochen verwenden, hat diese Form der Energieerzeugung den höchsten Anteil bei den erneuerbaren Energien.
   - Wasser wird ungefähr halb so häufig zur Energiegewinnung genutzt wie Kernenergie und steht bei den regenerativen Energien an zweiter Stelle.
2. Um die globale Erwärmung auf 1,5°C zu begrenzen, muss bis zum Jahr 2030 die Hälfte an CO_2 eingespart werden. Plant zu zweit eine Energieversorgung, die das berücksichtigt, und stellt das Ergebnis in Form eines ähnlichen Diagramms dar.
3. Hinter den meisten Energiequellen steckt im Endeffekt die Sonne. Begründe, warum das so ist, und nenne die Energiequellen, bei denen das nicht zutrifft.
4. Vor dem Industriezeitalter haben sich die Menschen ausschließlich mit erneuerbarer Energie versorgt. Nenne mindestens drei Beispiele.
5. Die Kohleindustrie hofft auf die Möglichkeit, klimafreundlicher zu werden, indem sie das entstehende CO_2 unter der Erde speichert. Recherchiere im Internet unter dem Stichwort „CO_2-Abscheidung und -Speicherung", welche Probleme es dabei gibt.

© Verlag an der Ruhr | Autorin: Katrin Schüppel | ISBN 978-3-8346-4457-2 | www.verlagruhr.de

Ökostrom

Globale Erwärmung und Klimaschutz

Damit der Windstrom aus Norddeutschland dorthin gelangt, wo er gebraucht wird, benötigt man neue Höchstspannungsleitungen. 1	Das Erneuerbare-Energien-Gesetz garantiert, dass alle Ökostrom ins Stromnetz einspeisen dürfen und dafür bezahlt werden. 2
Der Ökostromanteil ist zwischen 1990 und 2018 von 3,6 % auf 40,4 % gestiegen. 3	Der Strom in einem Haushalt kommt immer aus dem nächstgelegenen Kraftwerk, egal welche Art von Energie dort erzeugt wird. 4
Die Ökostromumlage in Deutschland wird zum Ausgleich für die höheren Kosten an die Erzeugenden von erneuerbaren Energien weitergegeben. 5	Erdkabel sind teurer als Freileitungen und verursachen höhere Stromverluste. 6
Jeder Stromkunde kann von einem normalen Stromanbieter zu einem Ökostromanbieter wechseln. Der Strom ist dann etwas teurer. 7	Es ist teurer, Ökostrom zu erzeugen, als Strom aus Kernenergie oder fossilen Brennstoffen zu erzeugen. 8
Höchstspannungsleitungen können als Freileitungen oder als Erdkabel verlegt werden. 9	In Deutschland werden 45 % des Stroms aus Kohle, Erdöl und Erdgas gewonnen. 10
Jeder Stromkunde zahlt, zusätzlich zum verbrauchten Strom, die Ökostromumlage, egal welche Art von Strom er verbraucht. 11	Ökostrom wird aus erneuerbaren Energien erzeugt. 12
Ökostromanbieter kaufen Ökostrom und verkaufen ihn an die Stromkundschaft weiter. 13	Solange Ökostrom nicht billiger wird, müssen Stromkundinnen und -kunden bei höherem Ökostromanteil auch mehr zahlen. 14
Solarstromerzeugende bekommen den höchsten Anteil der Ökostromumlage, weil die Gewinnung von Sonnenenergie besonders teuer ist. 15	Wenn die Höchstspannungsleitungen fertiggestellt sind, können alte Kohle- und Kernkraftwerke stillgelegt werden. 16

Aufgabe

Findet euch zu zweit, zu dritt oder zu viert zusammen. Oben seht ihr eine Reihe von Fakten rund um das Thema Ökostrom. Schneidet sie aus und verteilt sie auf dem Tisch. Findet zu jeder der folgenden Fragen die passenden Fakten und formuliert daraus eine begründete Antwort.

a) Nicos Eltern haben zu einem Ökostromanbieter gewechselt. Kommt jetzt anderer Strom aus der Steckdose?

b) Dersims Vater möchte auf dem Dach eine Solarstromanlage installieren. Lohnt sich das, auch wenn die Anlage mehr Strom erzeugt, als die Familie benötigt?

c) Maries Mutter klagt darüber, dass die Stromrechnung immer teurer wird, obwohl die Familie gar nicht mehr Strom verbraucht. Liegt das am Ökostrom?

d) Bei Paulas Heimatort soll eine Höchstspannungs-Freileitung gebaut werden. Kann man darauf nicht verzichten?

Verkehr

Globale Erwärmung und Klimaschutz

Auf ihren täglichen Wegen verursachen die Menschen je nach Verkehrsmittel mehr oder weniger CO_2. Je besser ein Verkehrsmittel besetzt ist, desto weniger CO_2 wird pro Person verursacht. Der größte Klimasünder ist das Flugzeug. Gut, dass 80 % aller Menschen auf der Erde noch nie in ihrem Leben geflogen sind.

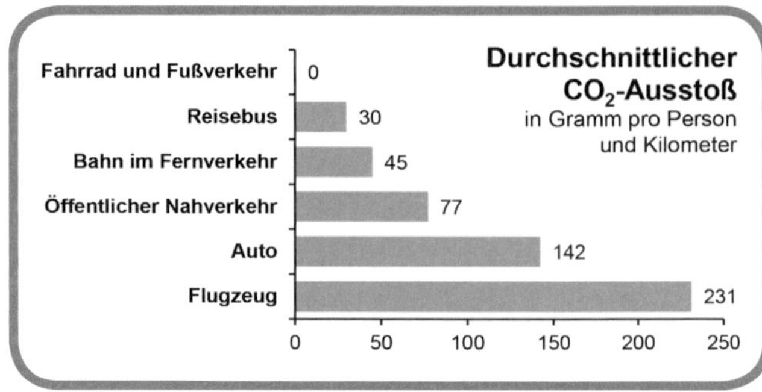

© Verlag an der Ruhr (Daten nach Umweltbundesamt: „Daten zum Verkehr", Ausgabe 2012, S. 32 auf www.umweltbundesamt.de)

Biotreibstoff

Biotreibstoff wird aus Pflanzen, wie Zuckerrohr, Weizen, Mais oder Raps, gewonnen. Er spart Erdöl und CO_2. Der Nachteil ist, dass für den Anbau der Pflanzen Flächen benötigt werden, die man auch zur Lebensmittelherstellung oder für den Naturschutz gebrauchen könnte. Mit Biotreibstoff aus dem Getreide für ein großes Brot (1 kg) kann man etwa 5 km weit Auto fahren. In Deutschland wird sowohl dem Diesel als auch dem Benzin Biotreibstoff beigemischt. Super-Benzin enthält bis zu 5 % und E10 bis zu 10 % Biotreibstoff. Mit E10 spart man 2,5 g CO_2 pro km.

Info

Mit einem Tempolimit von 120 km/h könnte man in Deutschland 3-mal so viel CO_2 einsparen wie mit E10.

Elektro- und Hybridfahrzeuge

Elektrofahrzeuge fahren mit Haushaltstrom und können an einer Steckdose aufgeladen werden. Der CO_2-Ausstoß hängt dann davon ab, wie der Strom produziert wird. Beim derzeitigen Strommix sind das, über den gesamten Lebensweg berechnet, 27 % weniger CO_2 als bei einem herkömmlichen Fahrzeug.

Diese Fahrzeuge sind jedoch noch teuer und wenig verbreitet. Eine Alternative sind Hybridfahrzeuge. Sie haben einen Benzinmotor und einen Elektromotor, der sich beim Fahren mit überschüssiger Energie auflädt. Sie verursachen, über den gesamten Lebensweg berechnet, 11 % weniger CO_2 als ein herkömmliches Fahrzeug.

Aufgaben

1. **Erstelle eine Liste mit täglichen Wegen und Urlaubsfahrten, die du in einem Jahr zurücklegst. Schätze mithilfe der Grafik und dem Entfernungsrechner (siehe Tippkasten) ab, wie viel CO_2 du in einem Jahr durch Verkehr verursachst. Überlege, für welche Wege du ein anderes Fortbewegungsmittel wählen könntest und wie viel CO_2 du einsparen würdest.**
2. **Max Müller verursacht im Jahr 50 000 kg CO_2 durch Verkehr, sein Bruder Moritz nur 500 kg. Finde eine Erklärung, wie dieser Unterschied zustande kommen kann.**
3. **Bildet Kleingruppen. Erörtert, wo die Zukunft des Verkehrs in Deutschland liegt: bei Biotreibstoffen, Elektrofahrzeugen, einem Tempolimit oder dem Umstieg auf öffentliche Verkehrsmittel?**

Tipp

Unter dieser Internetadresse kannst du **Entfernungen** (Straßenkilometer und Luftlinie) **berechnen** lassen: www.entfernungsrechnerkm.com

Einkaufen – 1/2

Globale Erwärmung und Klimaschutz

Info

© Katrin Schüppel

In diesem Joghurt findest du Milch und Zucker aus Süddeutschland, Erdbeeren aus Polen und Joghurtbakterien aus Norddeutschland. Das Glas kommt aus Bayern, das Aluminium für den Deckel aus dem Rheinland, das Papier für das Etikett aus Niedersachsen und die Rohstoffe für den Leim, mit dem es aufgelebt wurde, aus Holland und Belgien. In Stuttgart, wo der Joghurt hergestellt und verpackt wurde, sind die Gläser in eine Transportkiste gestellt worden. Der Rohstoff für die Kistenpappe kommt aus Österreich, der Leim, mit dem die Kiste zusammengeklebt wurde, aus Norddeutschland und die Plastikfolie, die auch noch dazugehört, aus Frankreich. Bevor der Joghurt auf deinem Tisch landet, hat das Joghurtglas so bereits **eine Reise von über 9 000 km** hinter sich.

Jedes Produkt hinterlässt CO_2-Spuren

Jedes Produkt benötigt für die Herstellung und bei seinem Transport Energie. Deshalb verursacht es auch CO_2. Die Gesamtmenge an Treibhausgasen, für die ein bestimmtes Produkt verantwortlich ist, nennt man CO_2-Fußabdruck. Die Summe aller Produkte, die du konsumierst, **bildet deinen persönlichen CO_2-Fußabdruck**. Um ihn möglichst klein zu halten, solltest du folgende Regeln befolgen:

- Schaue, ob du die Herkunft von Produkten erkennen kannst, und entscheide dich für die Dinge, die aus der Nähe kommen.
- Iss möglichst viele pflanzliche Lebensmittel. Sie haben einen erheblich geringeren CO_2-Fußabdruck als Lebensmittel tierischer Herkunft.
- Bevorzuge frisches Obst und Gemüse, das gerade Saison hat, sprich: gerade reif ist. So wird weniger Energie für Kühlung, Lagerung und Haltbarmachung verbraucht.
- Bevorzuge Bio-Produkte. Sie sind zwar etwas teurer, werden jedoch ohne chemische Dünger, die ebenfalls Treibhausgase verursachen, hergestellt.
- Kaufe lieber die einzelnen Zutaten als ein Fertigprodukt. Das spart Transportwege.
- Verzichte auf Dinge mit aufwändiger Verpackung. Auch sie verursacht bei der Herstellung CO_2.
- Kaufe, wenn möglich, Recycling-Produkte (z. B. beim Papier) und achte darauf, dass du deinen Müll sauber trennst. Beim Recycling wird weniger Energie verbraucht als bei der Neugewinnung von Rohstoffen.
- Achte beim Kauf von Elektrogeräten auf die Energieeffizienzklasse (siehe zweite Seite).
- Kaufe Secondhand-Dinge. Wirf gebrauchte Dinge, wie Kleider oder Bücher, nicht in den Müll. Gib sie bei Sammelstellen ab, verkaufe sie oder verschenke sie an eine Person, die sie gebrauchen kann.

Je weniger du einkaufst, desto besser ist das für das Klima. Viele Dinge muss man nicht besitzen, sondern kann sie sich auch teilen und gegenseitig ausleihen. Wenn du mal wieder etwas Neues haben möchtest, veranstalte doch eine Tauschparty mit deinen Freundinnen und Freunden!

Einkaufen – 2/2

Globale Erwärmung und Klimaschutz

Weniger Tier

Viel von dem, was auf der Erde angebaut wird, wird als Viehfutter verwendet, um Fleisch, Milchprodukte oder Eier zu produzieren. In dem Fleisch, von dem ein Mensch satt wird, steckt genug Getreide, um zehn Menschen satt zu machen. Darüber hinaus wird für die Herstellung von Fleisch 10-mal so viel Energie aufgewendet und CO_2 verbraucht wie für Getreide. Dass bei uns so viel und in vielen anderen Ländern der Erde jedes Jahr mehr Fleisch und andere tierische Produkte gegessen werden, verstärkt den Hunger in anderen Teilen der Welt und schadet dem Klima.

Energieeffizienzklassen

Ob ein Elektrogerät im Vergleich zu anderen viel oder wenig Strom verbraucht, erkennst du an der Energieeffizienzklasse. Ursprünglich gingen sie von **A grün** (niedriger Energieverbrauch) bis **G rot** (hoher Energieverbrauch). Weil sich seit Einführung der Kennzeichnung die Energieeffizienz der Geräte ständig verbessert hat, wurden für Haushaltsgeräte zusätzlich die Klassen **A+**, **A++** und **A+++** (sehr niedriger Energieverbrauch) eingeführt. Energieeffiziente Geräte sind beim Kauf etwas teurer, machen sich jedoch auf Dauer bezahlt.

Aufgaben

1. **Lies die Texte dieser beiden Seiten und entwirf ein Quiz zum klimafreundlichen Einkauf. Tut euch dann zu zweit zusammen und löst das Quiz der Partnerin bzw. des Partners.**
2. **Überlege dir, was du am liebsten frühstückst, und schreibe alle Zutaten auf. Bildet dann Kleingruppen und schaut euch gemeinsam alle Frühstücksrezepte an. Sortiert sie mithilfe der Angaben im Infokasten nach ihrer Klimafreundlichkeit. Macht anschließend dasselbe mit einem warmen Mittagsessen.**
3. **Familie Schmidt und Familie Schulze möchten sich einen neuen Kühlschrank kaufen. Sie haben sich für dasselbe Modell entschieden. Rechne anhand der Informationen im Kasten aus, nach wie vielen Jahren er sich jeweils bezahlt macht. (Strompreis = 30 Cent/kWh)**

Alter Kühlschrank Familie Schmidt:
A, Stromverbrauch: 300 kWh/Jahr

Alter Kühlschrank Familie Schulze:
D, Stromverbrauch: 700 kWh/Jahr

Neuer Kühlschrank:
A+++, Stromverbrauch: 100 kWh/Jahr, Kosten: 400 €

Info

CO_2-Fußabdrücke verschiedener Lebensmittel
in kg CO_2 pro kg Lebensmittel (die Werte in Klammern sind die von Bio-Lebensmitteln)

Heißgetränk: 10,70
Kaltgetränk: 0,60
Kartoffeln: 0,20 (0,14)
Pommes frites: 5,70
Obst: 0,45
Frisches Gemüse: 0,15 (0,13)
Tiefkühlgemüse: 0,42 (0,38)
Konservengemüse: 0,51 (0,48)

Rindfleisch: 13,31 (11,37)
Schweinefleisch: 3,25 (3,04)
Geflügel: 3,50
Wurst: 8,00
Schinken: 4,80
Frischer Fisch: 2,50
Tiefkühlfisch: 4,00
Fischkonserve: 8,00
Eier: 1,93 (1,54)

Milch: 0,94 (0,88)
Joghurt: 1,23 (1,16)
Quark: 1,95
Käse: 8,51 (7,95)
Butter: 23,79 (22,00)
Margarine: 1,35
Teigwaren allgemein: 0,80
Mischbrot: 0,77 (0,65)
Weißbrot: 0,66 (0,55)

Klimakompensation

Globale Erwärmung und Klimaschutz

Manche Produkte und Dienstleistungen, die viele Treibhausgase verursachen, werden alternativ auch als „klimaneutral“ oder „CO_2-neutral“ angeboten. Das kann eine Flug-Ananas sein oder eine Tagung mit Gästen aus aller Welt. Die Anbietenden haben dann dafür bezahlt, dass die verursachten Emissionen anderswo eingespart (kompensiert) werden, indem das Geld in CO_2-sparende Klimaschutzprojekte investiert wird. Das kann z. B. so aussehen:

- In der indischen Tempelstadt Sringeri Mutt werden die Pilgerinnen und Pilger nicht mehr mit Dieselbrennern, sondern mit Solarkochern bekocht.
- In Nordbolivien erzeugen die Menschen ihren Strom nicht mehr mit Dieselkraftstoff, sondern mit Paranuss-Schalen.
- Ein Windpark am Kap der Guten Hoffnung in Südafrika ersetzt fossile Energie bei der Stromerzeugung.

Das Geld dafür kommt von Unternehmen und Privatleuten aus Industrieländern. Viele Projekte sind eine gute Sache und die armen Länder profitieren davon. Bis 2020 war es so, dass sich die Industrieländer diese Maßnahmen auch für ihre CO_2-Reduktionsziele anrechnen lassen konnten. Es hat sich jedoch gezeigt, dass dabei der tatsächliche Nutzen für das Klima meist überschätzt wurde, z. B. weil der ursprüngliche CO_2-Ausstoß zu hoch angesetzt war oder weil auch ohne das Projekt eine Treibhausgas-Minderung stattgefunden hätte. Bislang ist noch ungewiss, ob derartige Maßnahmen im Rahmen des neuen Klimaschutzabkommens von Paris weiterhin angerechnet werden können.

© prphotoworld – stock.adobe.com

Dank eines Klimaschutzprojekts ermöglicht diese Windmühle in Namibia – im Gegensatz zu einer Dieselpumpe – Wassergewinnung ohne CO_2-Ausstoß.

Emissionshandel

Europäische Kraftwerke, Industrieanlagen und seit Kurzem auch Fluggesellschaften müssen für jede Tonne CO_2, die sie emittieren, ein **EU-Emissionszertifikat** besitzen. Die Zertifikate werden zum Teil kostenlos verteilt und zum Teil versteigert. Die Gesamtmenge der Zertifikate, die im Umlauf sind, richtet sich danach, wie viel CO_2 eingespart werden soll. Wenn viele Zertifikate benötigt werden, steigt der Preis. Das ist ein Anreiz für die Unternehmen, ihre Emissionen zu senken. Wenn jedoch, anstatt Zertifikate zu kaufen, die Emissionen über Klimaschutzprojekte in Entwicklungsländern kompensiert werden, sinken die Preise und damit die Anreize, vor Ort Emissionen einzusparen.

Aufgaben

1. **Erörtere die Vor- und Nachteile, wenn die Unternehmen, anstatt ihre eigenen Emissionen zu senken oder Emissionszertifikate zu kaufen, Klimaschutzprojekte in Entwicklungsländern unterstützen.**
2. **Petra Pfiffig bietet CO_2-Kompensation an. Um fremde Emissionen zu kompensieren, fährt sie mit dem Fahrrad zur Arbeit und lässt sich dafür von Menschen und Firmen, die CO_2 einsparen möchten, bezahlen. Nimm dazu Stellung.**
3. **Recherchiere auf der folgenden Internetseite über Klimakompensation: www.atmosfair.de.**
   a) **Finde heraus, wie viel du zahlen müsstest, um einen Hin- und Rückflug von Berlin nach New York zu kompensieren.**
   b) **Im weltweiten Durchschnitt wurden 2019 pro Kopf 4 800 kg CO_2 ausgestoßen. Wie viel Prozent davon würde eine solche Flugreise ausmachen?**
   c) **Welches der bei Atmosfair angebotenen Klimaschutzprojekte würdest du gerne unterstützen? Begründe deine Wahl!**

Bäume pflanzen

Globale Erwärmung und Klimaschutz

Entwaldung trägt maßgeblich zum Klimawandel bei. Sie macht etwa **ein Fünftel des vom Menschen verursachten Treibhauseffekts** aus. Das liegt daran, dass **Bäume wichtige CO_2-Speicher** sind, denn sie entziehen der Atmosphäre beim Wachsen CO_2. Abgesehen von den ersten Lebensjahren, in denen Bäume noch etwas mehr CO_2 produzieren als sie aufnehmen, binden sie also große Mengen des Treibhausgases und senken so den CO_2-Gehalt der Atmosphäre. Sobald ein Baum abstirbt oder abgeholzt wird, kann er nicht mehr als CO_2-Speicher fungieren. Außerdem wird das zuvor in ihm gebundene CO_2 freigesetzt: entweder weil das Totholz langsam von Bakterien zersetzt wird (ein Teil der Biomasse bleibt dann allerdings als Humus im Boden gebunden) oder weil es verbrannt wird. Das passiert z. B., weil Menschen Feuerholz zum Kochen benötigen. Noch mehr Wald verschwindet durch groß angelegte **Brandrodung**: Da immer mehr Flächen benötigt werden, insbesondere für den Anbau von Viehfutter oder Palmölplantagen, wird vor allem in den Tropen täglich mehr Wald abgeholzt und verbrannt. Dabei werden **schlagartig enorme Mengen CO_2 freigesetzt.**

Info

In warmen Regionen wachsen Bäume schneller und werden größer als in kalten Gebieten. **Tropenwälder** sind daher **besonders klimawirksam.** Weil sie sich ihr eigenes Klima schaffen, sind sie ein sogenanntes Kippelement im Klimawandel: Wenn es heißer und trockener wird, sterben die Wälder – und das verstärkt die Trockenheit dann noch mehr.

Es gibt viele Angebote, **durch Baumpflanzungen** seinen **CO_2-Verbrauch auszugleichen**. Wiederaufforstung ist auch eine wichtige Klimaschutzmaßnahme, doch hängt der Nutzen eines Baumes als CO_2-Speicher von seiner Lebensdauer ab. Möglicherweise fällt er nach wenigen Jahren einem Sturm, einem Waldbrand, Schädlingen oder auch dem Menschen zum Opfer. Daher **lässt sich die CO_2-Ersparnis nicht zuverlässig vorhersagen.** Für Kraftwerke, Industrieunternehmen und Fluggesellschaften ist ein CO_2-Ausgleich durch Aufforstungen deshalb nicht erlaubt.

Ein frisch gerodetes Stück Wald in Brasilien. 2019 wurden im Amazonas-Regenwald mehr Brände gezählt als jemals zuvor. Auslöser war verstärkte Brandrodung durch den Menschen kombiniert mit einer ungewöhnlichen Trockenperiode.

Aufgabe

Eure Klasse hat bei einem Sponsorenlauf 300 € eingenommen. Ihr möchtet das Geld spenden und habt vier Projekte zur Auswahl:

- **Ihr kauft 30 junge Ahornbäume und pflanzt sie in privaten Gärten. Jeder Baum entzieht der Atmosphäre 500 kg CO_2, muss aber dafür 50 Jahre stehen bleiben.**
- **Ihr spendet das Geld einem Projekt, durch das weltweit Flächen aufgeforstet werden, und bindet dadurch auf zusammengerechnet 400 m² insgesamt 20 000 kg CO_2.**
- **Ihr gebt das Geld einer Waldschutzorganisation, um 7 500 m² tropischen Regenwald in Guatemala zu kaufen und unter Schutz zu stellen. Käme es zur Brandrodung dieses Waldes, so würden 165 000 kg CO_2 frei.**
- **Ihr kauft für ein Dorf im Senegal drei klimafreundliche Biomasse-Öfen zum Kochen. Das spart eine Menge Feuerholz und dadurch pro Ofen in einem Jahr 3 900 kg CO_2.**

Lies den Text. Erörtere zunächst für dich alleine, was für und was gegen die einzelnen Projekte spricht, und überlege, welchem Projekt du den Vorzug geben würdest. Bildet dann Kleingruppen, tauscht eure Pro- und Kontra-Argumente aus und entscheidet euch gemeinsam für eines der Projekte. Formuliert abschließend eine Begründung für eure Entscheidung.

Lösungen

Worum geht es beim Klimawandel? → S. 9

Aufgabe 3:
Bei einem Auffahrunfall ist es, auch wenn man den Unfall nicht vermeiden kann, nicht egal, ob man ungebremst in den Tod rast oder gebremst mit Verletzungen überlebt. Auf den Klimawandel übertragen, ist die Wand das 2 °C- bzw. 1,5 °C-Ziel, oberhalb dessen schlimme Folgen zu erwarten sind. Selbst wenn man es nicht mehr erreichen kann, sollte man doch so schnell wie möglich handeln und wirksame Klimaschutzmaßnahmen ergreifen, um die Temperaturerhöhung und die negativen Folgen so gering wie möglich zu halten.

Der Treibhauseffekt → S. 10/11

Aufgabe 2:
Beispiellösung im Download  (s. Link auf S. 2)

Aufgabe 3:
- Gehalt in der Atmosphäre
- Verweildauer in der Atmosphäre
- „Zurückhaltekraft" der langwelligen Wärmestrahlung

Aufgabe 4:
Beispiellösung im Download  (s. Link auf S. 2)

Aufgabe 5:
Fluorkohlenwasserstoffe (FKWs) und Fluorchlorkohlenwasserstoffe (FCKWs) – beide als Treibgas sowie als Kälte- und Feuerlöschmittel; Schwefelhexafluorid (SF_6) – als Isolationsgas, Löschgas, Reifenfüllgas; Stickstofftrifluorid (NF_3) – in der Flachbildschirm- und Solarindustrie

Kohlenstoff auf der Erde → S. 12

Senke: a, d, g
CO_2 wird frei: b, c, e, f

CO_2-Anstieg in Luft und Meer → S. 13

Aufgabe 1:
Wenn der CO_2-Gehalt weiterhin so zunimmt wie bisher, wird er sich ungefähr bis 2070 verdoppelt haben.

Aufgabe 2:
Durch die Erwärmung des Meeres wird die CO_2-Aufnahme in Zukunft sinken. Die schwindende Kohlenstoffsenke führt dazu, dass noch mehr CO_2 in der Luft bleibt, was wiederum den Treibhauseffekt verstärkt, wodurch sich das Meer noch stärker erwärmt.
➔ Die Funktion des Meeres als Kohlenstoffsenke nimmt durch diesen Teufelskreis ab. Die Versauerung hingegen verlangsamt sich.

Natürliche Klimaschwankungen → S. 14

Aufgabe 1:
Zu nennen sind:
- Veränderungen der Neigung der Erdachse und der Bahn der Erde um die Sonne
- Änderungen der Sonnenaktivität
- Vulkanausbrüche
- vorübergehend vorherrschende Verteilung von Hoch- und Tiefdruckgebieten

Aufgabe 2:
a) Es würde 5 °C/0,1 °C x 1 000 Jahre = 50 000 Jahre bis zur nächsten Kaltzeit dauern, wenn es keine globale Erwärmung gäbe.

b) Die nächste Kaltzeit kann die globale Erwärmung nicht aufhalten, denn die Erwärmung geht mit 0,13 °C in 10 Jahren (also 13 °C in 1 000 Jahren) über 100-mal so schnell vor sich wie die natürliche Abkühlung mit 0,1 °C in 1 000 Jahren. (Zwar spielt sich die globale Erwärmung in sehr kürzeren Zeiträumen ab als der natürliche Wechsel von Kalt- und Warmzeiten; weil sich die Erde nach Beendigung der Ursachen des Klimawandels jedoch nur um 1 °C in 12 000 Jahren abkühlen würde, könnte sich der Klimawandel noch bis in die nächste Kaltzeit hinein auswirken.)

Klimawandel und globale Verdunkelung → S. 15

a) Die aktuelle globale Erwärmung ist keine natürliche Klimaschwankung. Zum einen geht sie sehr viel schneller voran (4, 13), zum anderen würden die natürlichen Einflüsse eher zu einer Abkühlung führen (5, 16).

b) Langfristig findet eine globale Erwärmung statt (6, 4, 7), auch wenn die Temperaturen zwischen 1949 und 1970 sowie zwischen 1998 und 2013 kaum angestiegen sind (15, 18). Letzteres liegt daran, dass die globale Erwärmung von natürlichen Klimaschwankungen (5, 16, 17) und der globalen Verdunkelung durch Aerosole in China und Indien (9, 10, 12) überdeckt wird. Auch früher gab es schon eine Phase geringerer Erwärmung, die u. a. durch eine erhöhte Anzahl von Aerosolen zu erklären war (11, 15).

c) Die abkühlend wirkenden Aerosole (12) stammen zwar aus denselben Quellen wie CO_2 (10), da sie nur kurz in der Atmosphäre verbleiben (1) und ihr Ausstoß in entwickelten Ländern immer besser verhindert wird (11), können sie jedoch langfristig die globale Erwärmung nicht aufhalten, auch wenn sie derzeit noch einen Einfluss auf das Klima haben (9, 14).

Lösungen

Klimavorhersage → S. 16/17

Aufgabe 1:
Weil man beim Wetter vom aktuellen Zustand der Atmosphäre ausgeht und ein kleiner Anfangsfehler schon nach wenigen Tagen zu einer völlig anderen Wettersituation führen kann. Wer hingegen das Klima vorhersagt, trifft dabei keine Wettervorhersage, sondern macht nur Vorhersagen über die Ausgangsbedingen, unter denen bestimmte Wetterverhältnisse mehr oder weniger wahrscheinlich sind.

Aufgabe 2:
a) negativ, **b)** positiv, **c)** positiv

Aufgabe 3:
Die folgenden Ereignisse lassen sich zum einen auf lange Zeit nicht vorhersagen und können zum anderen auch deshalb nicht mit Klimamodellen modelliert werden, da sie andere als klimatische Ursachen haben:
- Meteoriteneinschläge (astronomische Ursachen)
- Vulkanausbrüche (geologische Ursachen)
- Weltwirtschaftskrisen (politische und ökonomische Ursachen)

Aufgabe 4:
Die richtige Kurve ist Ⓒ, weil nur hier das Element innerhalb kurzer Zeit und dauerhaft einen höheren Wert erhält. Bei den anderen Kurven steigt der Wert entweder kontinuierlich Ⓐ), nimmt nach Erreichung eines Maximums wieder ab Ⓑ) oder steigt exponenziell Ⓓ).

Klimaforschung und das IPCC → S. 18

Aufgabe 1:
Das IPCC ist wichtig, weil es in der unübersichtlichen Forschungslandschaft zum Klimawandel die wichtigen und gesicherten Erkenntnisse herausarbeitet und damit den Klimawandel in das Bewusstsein derer rückt, die etwas dagegen tun können, und ihnen eine übersichtliche Entscheidungshilfe an die Hand gibt.

Aufgabe 2:
Beide sind nicht unabhängig. Ein Vorstandsmitglied eines Energiekonzerns hat vermutlich eher ein Interesse daran, den Klimawandel herunterzuspielen, um die Energieversorgung nicht für viel Geld auf klimafreundliche Energieträger umstellen zu müssen. Abgeordnete einer Umweltpartei hingegen könnten versucht sein, Aussagen zu verstärken, um für ihre Partei mehr Wähler*innen zu gewinnen.

Aufgabe 3:
Das Oberhaupt des Ölstaats würde vermutlich eher in dieser Richtung formulieren: „Möglicherweise könnten die Temperaturen bereits vor dem Ende des Jahrhunderts um mehr als 1,5 °C steigen", während der*die Umweltpolitiker*in es wohl ganz anders ausdrücken würde: „Die globale Temperatur wird in wenigen Jahrzehnten um bis zu 4,5 °C ansteigen, es sei denn, wir schaffen es, die Emissionen erheblich abzusenken."

Zweifel am Klimawandel? → S. 19

Aufgabe 1:
- weil es tatsächlich noch viele Unsicherheiten im Wissen über unser Klimasystem gibt und die seriöse Wissenschaft daher Angriffspunkte bietet
- weil ihre Thesen aufsehenerregender und einfacher zu verstehen sind als die Wahrheit; weil niemand von ihnen verlangt, eine Gesamttheorie offenzulegen
- weil sie entschuldigen, dass man nichts gegen den Klimawandel tut
- weil sie in einigen Fällen (ExxonMobil) genug Geld zur Verfügung haben, um ihre Ansichten publik zu machen und durchzusetzen

Aufgabe 2:
Es wird immer Unsicherheiten im Wissen über den Klimawandel geben. Welche Maßnahmen jedoch erforderlich sind, um ihn einzudämmen, ist bekannt. Je länger man damit wartet, desto schwieriger wird es, die globale Erwärmung zu verhindern.

Aufgabe 3:
Tatsachen-Skeptiker ➔ ③, Ursachen-Skeptiker ➔ ④, Folgen-Skeptiker ➔ ②, Maßnahmen-Skeptiker ➔ ①

Veränderungen und Anpassungen → S. 20

Aufgabe 1:
Hier ein paar Beispiele:
- längere Sommer ➔ längere Badesaison
- Meerespiegelanstieg ➔ Überschwemmungen ➔ höhere Deiche
- wärmere Meere ➔ Rückgang des Meereises ➔ neue Schifffahrtswege, Zugang zu arktischen Rohstoffen
- Schmelzen der Inlandeismassen auf Grönland und in der Antarktis ➔ Veränderung der Meeresströmungen

Aufgabe 2:
Anpassungen sind z. B. höhere Deiche, andere Baumsorten in der Forstwirtschaft, hitzeresistente Straßenbeläge.

Aufgabe 3:
Hier ein paar Beispiele:
- das Artensterben ist auch eine Folge der Verkleinerung des Lebensraums durch menschliche Aktivität
- höhere Versicherungsbeiträge werden auch durch höhere Werte (z. B. teurere Häuser oder eine wertvollere Wohnungseinrichtung) bedingt

Lösungen

Der Anstieg des Meeresspiegels → S. 21

Aufgabe 1:
Höhe Wohnort [m ü. NN]/0,0032 = Jahre ab heute, bis der Meeresspiegel den Wohnort erreicht

Aufgabe 2:
Inselstaaten: z. B. Tuvalu, Malediven, Nauru
Millionenstädte: z. B. New York, Shanghai, Dhaka

Aufgabe 3:
Genannt werden könnten z. B. folgende Maßnahmen:
- Verlegung des gesamten Staates in ein anderes Land (Festland)
- Aufnahme aller Bewohner*innen in einem anderen Staat
- Verteilung der Bewohner*innen auf andere Staaten (jede*r kann sich aussuchen, wohin er*sie will, bestimmte Länder müssen die Bewohner*innen aufnehmen)
- Finanzierung wirksamer Küstenschutzmaßnahmen, z. B. durch Hauptverursachende des Klimawandels

Folgen für Arten und Ökosysteme → S. 22/23

Aufgabe 1:
1c, 2f, 3b, 4d, 5a, 6g, 7e

Aufgabe 2:
a) Die Arten müssten pro Jahr zwischen 1,3 (100 x 0,13/10) und 2,6 (200 x 0,13/10) km in Richtung Pol wandern.
b) Tiere sind theoretisch dazu in der Lage. Pflanzen müssen sich erst neu aussäen und heranwachsen. Besonders bei den Bäumen wird klar, dass bei diesem Tempo die Natur nicht mithalten kann.

Aufgabe 3:
In Nordamerika können die Arten ungehindert von Süden nach Norden wandern, denn die hohen Gebirge verlaufen ebenfalls in Nord-Süd-Richtung und bilden kein Hindernis. In Europa wird der Weg von Gebirgen mit Ost-West-Ausrichtung, wie den Pyrenäen, den Alpen und den Karpaten, versperrt. Korridore gibt es von Südfrankreich über Burgund und den Rhein sowie von Südosteuropa über Wien.

Die Arktis im Wandel → S. 24/25

Aufgabe 1:
Positiv (rot):
- durch das schmelzende Meereis wird die Oberfläche des Nordpolarmeers dunkler → stärkere Erwärmung und dadurch noch schnelleres Abschmelzen
- durch das schmelzende Inlandeis in Grönland gerät das Eis in niedrigere, also wärmere Luftschichten → dort verstärkt sich der Auftauvorgang noch
- durch das Auftauen des Dauerfrostbodens werden im Boden gebundene Treibhausgase freigesetzt → dies verstärkt den Treibhauseffekt und damit die Erwärmung

Negativ (grün):
- dünnes Eis baut sich schneller wieder auf als dickes → das Abschmelzen des arktischen Meereises könnte also gebremst werden
- durch die wärmeren Temperaturen sinkt der Heizenergiebedarf → der Treibhausgas-Ausstoß sinkt in diesem Bereich

Aufgabe 2:
Wenn das Grönlandeis taut, steigt (außer in Grönland selbst) überall der Meeresspiegel. Die durch den großen Süßwasserzufluss bedingte Abschwächung des Golfstroms wirkt sich auf das Klima in Europa aus. Wenn die Permafrostböden auftauen, werden Treibhausgase frei, was überall auf der Erde die globale Erwärmung vorantreibt. Wenn die Schifffahrt erleichtert wird und neue Routen frei werden, profitieren davon auch Länder, die nicht in der Arktis liegen, Gleiches gilt für die Rohstoffe, wenn sie von internationalen Konzernen gefördert werden.

Aufgabe 3:
Erklärungen:
- Nur die arktischen Gewässer sind bald im Sommer völlig eisfrei.
- Es gibt keine Hitze in der Arktis, die Eisbären leiden unter fehlendem Packeis.
- Der Golfstrom schwächt sich zwar ab, ein völliges Erliegen steht derzeit jedoch noch nicht bevor.
- Nicht Grönland schmilzt, sondern die Eismasse, die das Land bedeckt.
- Im Matsch versinken nur einige kleine Dörfer im Norden Kanadas, in denen die Dauerfrostböden auftauen.
- Es gibt zwar Rechtsstreitigkeiten um die Arktis, ein Krieg wird deshalb jedoch nicht gleich ausbrechen.
- Der Nordpol ist ein durch die Lage der Erdachse definierter Punkt auf der Erde und durch den Klimawandel nicht bedroht.

Passende Schlagzeilen: individuelle Lösungen

Aufgabe 4:
Im Februar 2020 haben Forscherinnen und Forscher in der Antarktis erstmals eine Temperatur von über 20 °C gemessen. Von der Erwärmung ist jedoch in erster Linie die Westantarktis betroffen, während die Temperaturen in der größeren Ostantarktis kaum steigen. Auch der Eisrückgang beschränkt sich auf die Westantarktis, wo der Untergrund des Eises fast überall unterhalb des Meeresspiegels liegt. Grundsätzlich erwärmt sich die Südhalbkugel langsamer als die Nordhalbkugel: Da sich Wassermassen nicht so schnell erwärmen wie Landmassen, steigen die Temperaturen in der vom Meer umgebenen Antarktis langsamer als in der von Land umgebenen Arktis. Außerdem verhindert die große Eismasse eine schnelle Erwärmung und auch das Ozonloch wirkte in der Vergangenheit abkühlend.

Lösungen

Unwetter und Klimawandel → S. 26

Aufgabe 1:

a) Eine einzelne Sechs ist kein Hinweis, denn bei einem normalen Würfel würfelt man ja auch ab und zu eine Sechs. Herausfinden, ob der Würfel gezinkt ist, kann man nur, indem man mehrere Male hintereinander würfelt. Wenn die Sechs auf Dauer häufiger auftritt als die anderen Zahlen, ist der Würfel gezinkt, also so präpariert, dass die Wahrscheinlichkeit, eine Sechs zu würfeln, höher ist als bei den anderen Zahlen.
Je häufiger man würfelt, desto sicherer kann man sich sein.

b) Der Würfel ist das Klima, die Sechs bedeutet ein schweres Unwetter wie „Ela". Ein gezinkter Würfel bedeutet, dass sich der Klimawandel begünstigend auf schwere Unwetter auswirkt. Ein nicht gezinkter Würfel bedeutet, dass kein Einfluss besteht oder sich die Einflüsse gegenseitig aufheben. Ein schweres Unwetter kann auch ohne Klimawandel auftreten, wie eine Sechs auch bei einem ungezinkten Würfel gewürfelt werden kann. Eine Zunahme von schweren Unwettern gegenüber früher ist jedoch ein Hinweis darauf, dass der Klimawandel dahintersteckt.

Aufgabe 2:
Auf jeden Fall muss das Auftreten von Unwettern über einen möglichst langen Zeitraum beobachtet werden. Es muss festgelegt werden, wie ein schweres Unwetter definiert ist und auf welche Region und welche Jahreszeit die Untersuchungen beschränkt werden. Sinnvoll ist es auch, zu beobachten, ob sich die Wetterlagen häufen, die zu solchen Unwettern führen.

Deutschlandwetter der Zukunft → S. 27/28

Aufgabe 1:

- **Rentnerin:** Ja, denn weil die Temperaturen steigen und im Sommer häufiger Hochdruckwetter herrscht, wird die Hitze zunehmen. Außerdem kommt es häufiger zu lang anhaltenden Hochdruckwetterlagen, bei denen sich extreme Hitze entwickeln kann.
- **Gärtnerin:** Möglicherweise. Höhere Sommertemperaturen und seltenere Nachtfröste sind gut für die Pflanzen. Doch gleichzeitig kommt es auch häufiger zu Trockenheit. Außerdem erhöht sich die Gefahr, dass die Pflanzen von Unwettern mit Hagel und Sturm zerstört werden.
- **Obdachloser:** Eher nicht, denn es wird wärmer, auch im Winter. Wenn sich jedoch im Winter eine Hochdrucklage festgesetzt hat, hält diese möglicherweise länger an und es kann trotz globaler Erwärmung zu einer extremen Kältewelle kommen.
- **Feuerwehrmann:** Ja, denn Starkregen und Unwetter nehmen zu und sorgen für umgestürzte Bäume, vollgelaufene Keller, Blitzeinschläge und andere Feuerwehreinsätze. Durch lang anhaltende sommerliche Trockenheit nimmt auch die Brandgefahr zu.

Katastrophenszenarios → S. 30

Aufgabe 1:
Verstärkung des Treibhauseffekts, Gefährdung von Schiffen durch Blow-Outs, Rutschungen und Tsunamis

Aufgabe 2:
Abbrüche am Larsen-Schelfeis hat es in den Jahren 1995, 2002 und 2017 gegeben. Grundsätzlich ist aus den genannten Gründen auch ein Zusammenbruch des Golfstroms möglich, was sich jedoch nicht, wie im Film, innerhalb von ein paar Tagen, sondern innerhalb von Jahrzehnten bis Jahrhunderten abspielen würde. Es käme dadurch zwar gebietsweise auch zu einer deutlichen Abkühlung, Temperaturen von –100 °C sind jedoch völlig unrealistisch. Die Hälfte der US-Bürger*innen aufzugeben, ist ebenso unrealistisch, wie die andere Hälfte innerhalb so kurzer Zeit in Mexiko unterzubringen. Wo soll man die Grenze ziehen? Werden die Menschen sich das gefallen lassen? Wie soll der Transport so vieler Menschen erfolgen? Wo sollen sie untergebracht werden? Die USA haben 316 Millionen Einwohner*innen. Mexiko hat 122 Millionen Einwohner*innen.

Internationale Klimapolitik → S. 31

Aufgabe 1:
Die CO_2-Einsparungen der Industrieländer reichen nicht aus. Weltweit steigen die Emissionen aufgrund der Entwicklungen in den Schwellenländern trotzdem. Um den Klimawandel zu bremsen, sind also noch erheblich größere Einsparungen nötig. Da die bisherigen Einsparungen hauptsächlich dem wirtschaftlichen Zusammenbruch in Osteuropa zu verdanken sind, der sich nicht wiederholen wird, ist es zweifelhaft, dass die derzeitigen Anstrengungen reichen, um das 2 °C-Ziel zu erreichen.

Aufgabe 2:
Für Länder, die ihr Einsparungsziel verfehlen, könnte die Staatengemeinschaft Geldstrafen beschließen. Das Geld könnte an anderer Stelle in Klimaschutzmaßnahmen gesteckt werden, um das Ziel möglicherweise doch noch zu erreichen. Bei Ländern, die sich nicht beteiligen, ist das nicht möglich. Letztlich wird man nur alles versuchen müssen, um sie doch noch mit ins Boot zu holen.

Aufgabe 3:

a)
- Einigung darüber, die globale Erwärmung auf mindestens unter 2 °C, besser noch auf unter 1,5 °C zu begrenzen
- alle Staaten definieren Klimaschutzziele und müssen alle 5 Jahre neue und höhere Ziele vorlegen
- verstärkte Anpassung an den Klimawandel
- keine Investitionen in klimaschädliche Projekte
- Industrieländer stellen 2020–2025 jährlich 100 Mrd. Dollar zum Umbau der Energieversorgung und zur Bekämpfung von Schäden durch den Klimawandel bereit
- finanzielle Unterstützung von Entwicklungsländern bei Klimaschutzbemühungen und Klimaschädenbeseitigung

Lösungen

b) Um zu verdeutlichen, dass der Klimawandel eine große Bedrohung darstellt, für deren Bekämpfung bislang nur unzureichende Maßnahmen eingeleitet wurden, haben seit dem Jahr 2019 verschiedene Städte und Gemeinden den Klimanotstand ausgerufen. Das bedeutet jedoch nicht, dass sie geltendes Recht verletzen dürfen, um Maßnahmen zum Klimaschutz zu erzwingen. Es ist eher als symbolischer Schritt zu sehen, mit dem auf die Dringlichkeit des Problems hingewiesen werden soll.
Konstanz rief im Mai 2019 als erste deutsche Kommune den Klimanotstand aus. Im EU-Parlament wurde der Schritt im November 2019 beschlossen.

Fossile und erneuerbare Energie → S. 35/36

Aufgabe 1:
Im Uhrzeigersinn: Kohle (27,2 %), Erdöl (31,9 %), Erdgas (22,1 %), Kernkraft (4,9 %), Wasserkraft (2,5 %), Biomasse (9,8 %), Sonstige (Sonne, Wind, Erdwärme) (1,6 %)

Aufgabe 2:
CO_2 wird hauptsächlich durch fossile Energieträger verursacht – ihr Anteil müsste mindestens um die Hälfte reduziert werden. Dabei ist zu beachten, dass Kohle mehr CO_2 verursacht als Gas. Auch die Verfügbarkeit sollte berücksichtigt werden.

Aufgabe 3:
Die Sonne versorgt nicht nur Solaranlagen, sondern auch den Wind und den Wasserkreislauf mit Energie. Sie lässt Pflanzen heranwachsen, die wiederum Tiere ernähren, und ist somit auch die Energiequelle für Bioenergie und alle fossilen Energieträger. Unabhängig von der Sonne sind nur Kernenergie (Kernspaltung von Uran) und Erdwärme (Wärmeenergie im Inneren der Erde).

Aufgabe 4:
Genannt werden können z. B.: Segelschiffe, Windmühlen, Wassermühlen, Holzöfen, Fuhrwerke (Muskelkraft von Tieren)

Aufgabe 5:
Bisher noch schwierige Fragen der CO_2-Abscheidung und -speicherung sind z. B.: Gibt es genug Speicher? Sind die Speicher auch auf lange Zeit dicht? Kann es gefährlich werden, wenn CO_2 austritt? Liegen die Speicher in Gebieten, wo Konflikte mit anderen Nutzungen (z. B. Wohnen, Naturschutz) auftreten könnten?

Ökostrom → S. 37

a) nein, es ist derselbe Strom wie vorher (4)
b) ja, denn der Strom kann ins Netz eingespeist werden und wird gut bezahlt (2, 5, 8, 12, 15)
c) ja, denn die Ökostromumlage ist gestiegen, weil mehr Ökostrom produziert und subventioniert wird (3, 5, 8, 11, 14)
d) nein, denn die Leitungen sind notwendig, um den Ökostrom dorthin zu bringen, wo er gebraucht wird (1, 6, 9, 16)

Verkehr → S. 38

Aufgabe 2:
Hier können die Schüler*innen ihrer Fantasie freien Lauf lassen. Um auf einen so hohen Wert zu kommen, muss Max schon häufig und weit fliegen, z. B. auf Geschäftsreisen oder bei mehreren Fernurlauben pro Jahr. Moritz kommt auf den niedrigen Wert, nur, wenn er im Alltag wenig Auto fährt und im Urlaub auf das Fliegen verzichtet.

Einkaufen → S. 39/40

Aufgabe 3:
<u>Stromkosten pro Jahr:</u>
neuer Kühlschrank 100 x 0,30 € = 30,00 €
alter Kühlschrank *Schmidt:* 300 x 0,30 € = 90,00 €
alter Kühlschrank *Schulze:* 700 x 0,30 € = 210,00 €
<u>Jahre, bis sich der neue Kühlschrank bezahlt macht:</u>
Schmidt: 400,00 €/(90,00 € – 30,00 €) = 6,7 Jahre
Schulze: 400,00 €/(210,00 € – 30,00 €) = 2,2 Jahre

Klimakompensation → S. 41

Aufgabe 1:
Wenn die Unternehmen ihre Emissionen senken, wird nachweisbar CO_2 eingespart. Wenn sie Emissionszertifikate kaufen, steigt der Preis und das schafft Anreize für andere Unternehmen, ihre Emissionen zu senken. Klimaschutzprojekte sind billiger und helfen den armen Ländern. Weil die CO_2-Einsparung jedoch oft überschätzt wird, werden die verursachten Treibhausgase nicht vollständig kompensiert.

Aufgabe 2:
Wie viel CO_2 durch diese Maßnahme eingespart wird, hängt davon ab, wie Petra ansonsten zur Arbeit fahren würde.
Das ist aber nicht unbedingt nachweisbar. Wenn sie pfiffig ist, behauptet sie, ansonsten mit einem besonders großen Auto zur Arbeit zu fahren. Dann ist die relative CO_2-Einsparung besonders hoch und Petra verdient mehr Geld. Ähnlich läuft es manchmal bei Klimaschutzprojekten in Entwicklungsländern ab.

Aufgabe 3:
a) Der Kompensationsbetrag für einen Flug von Berlin nach New York und zurück ist 87 € (Stand April 2020).
b) Mit 3 774 kg CO_2 hätte diese Flugreise 2019 knapp 79 % der weltweit durchschnittlichen Pro-Kopf-Emissionen an CO_2 ausgemacht.

Lösungen

Bäume pflanzen → S. 42

Ein einfacher Vergleich der CO_2-Einsparungen reicht hier nicht aus. Es gibt zu viele Unwägbarkeiten. Wie lange bleiben die Bäume bzw. die Aufforstungen bestehen? Würde der Regenwald in Guatemala tatsächlich gerodet, wenn er nicht geschützt würde? Wie lange werden die Menschen in Senegal die neuen Öfen nutzen? Auch der große klimatische und ökologische Nutzen und die starke Gefährdung von Tropenwäldern und deren höhere Klimawirksamkeit gegenüber den Wäldern in unseren Breiten sollte bei der Entscheidung berücksichtigt werden. Die Öfen tragen auch zur Entwicklung in armen Ländern bei und haben somit weitere positive Nebenwirkungen.

Medientipps

Unterrichtsmaterialien

Klick und los! Digitale Unterrichtseinheiten: Der Klimawandel und seine Ursachen. Erdkundeunterricht digital – Klasse 7–10.
Verlag an der Ruhr 2020.
ISBN 978-3-8346-4476-3 (Klassenlizenz)
ISBN 978-3-8346-4475-6 (Schullizenz)

Iven, Wiebke:
Wir werden eine plastikfreie Klasse! Plastik vermeiden und Müll reduzieren.
Ein Ideengeber mit direkt einsetzbaren Kopiervorlagen. Verlag an der Ruhr 2020.
ISBN 978-3-8346-4179-3

Weiß, Janina:
Verlag an der Ruhr aktuell: Fridays for Future.
Kopiervorlagen für die Klassen 7–13.
Verlag an der Ruhr 2019.
ISBN 978-3-8346-4258-5

Link-Tipps

http://jugend.klimaktivist.de/de_DE/popup/?cat=start
→ **interaktiver Rechner zum CO_2-Fußabdruck** speziell für Jugendliche

www.bpb.de/gesellschaft/umwelt/klimawandel
→ **Dossier der Bundeszentrale für politische Bildung** zum Thema Klimawandel, Klimapolitik und Klimaschutz

www.die-klimaschutz-baustelle.de
→ **allerlei Klimaschutztipps für den Alltag**; außerdem gibt es rund um das Thema Witze, Cartoons, Geschichten, Gedichte, Zitate, Rätsel und Quizfragen

www.klimafakten.de
→ **Argumentationshilfe gegen die Behauptungen der Klimawandel-Leugner** durch Basiswissen zum Klimawandel

www.klimanet.baden-wuerttemberg.de
→ zahlreiche Anregungen und Materialien rund um **Klimaschutz in der Schule/im Unterricht**

www.klimareporter.de
→ **Magazin zur Klima- und Energiewende** mit aktuellen Nachrichten, Hintergründen und Debatten

www.spiegel.de/thema/klimawandel
→ **Sammlung von „Spiegel"-Artikeln** zum Thema Klimawandel, nach Aktualität sortiert

www.sueddeutsche.de/wissen/die-persoenliche-co-bilanz-denganzen-tag-kohlendioxid-1.831549
→ sehr anschauliche **Auflistung des CO_2-Ausstoßes ganz alltäglicher Tätigkeiten** (z. B. Zähneputzen, Wäschewaschen, Fernsehen etc.) an einem verschwenderischen und an einem sparsamen Tag im Vergleich

www.umweltschulen.de/index.html
→ **Informationsdienst zu Umweltschutz, Umweltbildung und Bildung für nachhaltige Entwicklung (BNE) in Schulen** mit Hintergrundinformationen, Arbeitsmaterialien, Tipps und Praxisbeispielen